广西北部湾航路规划研究

马殿光　段　宇　干伟东　刘　新◎著

河海大学出版社
HOHAI UNIVERSITY PRESS
·南京·

图书在版编目(CIP)数据

广西北部湾航路规划研究 / 马殿光等著. -- 南京 ：河海大学出版社，2024. 12. -- ISBN 978-7-5630-9472-1

Ⅰ. U697.32

中国国家版本馆 CIP 数据核字第 2024TG2910 号

书　　名	**广西北部湾航路规划研究** GUANGXI BEIBUWAN HANGLU GUIHUA YANJIU
书　　号	ISBN 978-7-5630-9472-1
责任编辑	张心怡
特约校对	马欣妍
封面设计	徐娟娟
出版发行	河海大学出版社
地　　址	南京市西康路 1 号(邮编:210098)
电　　话	(025)83737852(总编室)　(025)83722833(营销部)
经　　销	江苏省新华发行集团有限公司
排　　版	南京布克文化发展有限公司
印　　刷	广东虎彩云印刷有限公司
开　　本	718 毫米×1000 毫米　1/16
印　　张	8.25
字　　数	156 千字
版　　次	2024 年 12 月第 1 版
印　　次	2024 年 12 月第 1 次印刷
定　　价	76.00 元

目录

第 1 章 航路规划研究概述

1.1　沿海公共航路概述

1.1.1　沿海公共航路的目的

沿海公共航路作为船舶定线的发展，其实施目的在于扩大汇聚区域或通航密度大的区域，以及提升因海域有限而致使船舶活动受到约束、存在航行障碍、水深受限或气象条件不佳的区域的航行安全系数。沿海公共航路的确切目的，将根据其想要缓和的特定危险环境确定，可能包含下列诸目的中的部分或全部：(1) 分隔相反的交通流以减少对遇情况的发生；(2) 减少穿越船与航行在已建立的通航分道内的船舶之间发生碰撞的危险；(3) 简化汇聚区域内交通流的形式；(4) 在沿海开发或勘探集中的区域内组织安全的交通流；(5) 在对所有船舶或某些等级船舶的航行而言是危险或不佳的区域中或其周围组织交通流；(6) 在水深不定或临界的区域为船舶提供指导，以减少搁浅的危险；(7) 指导船舶避开渔场或组织船舶通过渔场。

1.1.2　沿海公共航路的种类与定义

由于国内外对沿海公共航路的研究处于初步阶段，其包含的种类基本来源于国际海事组织(International Maritime Organization，IMO)制定的《关于船舶定线制的一般规定》，现介绍如下：

(1) 分道通航制。通过适当方法和建立通航分道，旨在分隔相反的交通流的一种定线措施。

(2) 双向航路。在规定的界限内建立双向通航，旨在为通过航行困难或危险水域的船舶提供安全通道的一种航路。

(3) 推荐航线。已经过特别检查以尽可能保证无危险存在并建议船舶沿其航行的一种航路。

(4) 推荐航路。为方便船舶通过而设立的未规定宽度的航路，往往以中心线浮标作为标志。

(5) 避航区。由一个区域构成的一种定线措施。在该区域的规定界限内，或是航行特别危险，或是对于避免海难事故而言特别重要，所有船舶或某些等级的船舶应该避开。

(6) 沿岸通航带。由一个指定区域构成的一种定线措施。该区域位于分道通航制的向岸一侧边界与邻近的海岸之间，并按照《1972 年国际海上避碰规则》

(以下简称《规则》)第十条第4款规定来使用。

(7) 环形道。由一个分隔点或圆形分隔带和一个规定界限的环形通航分道所组成的一种定线措施。环形道内的交通按逆时针方向围绕分隔点或分隔带环行而实行分隔。

(8) 警戒区。由一个区域构成的一种定线措施。在该区域的规定界限内，船舶必须特别谨慎地驾驶,并可能推荐交通流方向。

(9) 深水航路。在规定的界限内,海底及海图上所标示的水下障碍物已经精确测量,水深足够供大型船舶安全航行的一种航路。

(10) 分隔带或分隔线。把船舶在其中以相反方向或接近相反方向行驶的通航分道隔开,或把通航分道与邻近海区隔开,或把同向行驶的特殊级别船舶使用的通航分道隔开的带或线。

(11) 通航分道。在规定界限内建立单程通航的一种区域,天然障碍物(包括那些组成分隔带的天然障碍物)可以构成该区域的一条边界线。

(12) 确立的交通流方向。指示分道通航制中确立的交通运行方向的一种交通流图式。

(13) 推荐的交通流方向。在采用确立的交通流方向不可行或不必要的地方指示推荐的交通运行方向的一种交通流图式。

在上述形式中,沿海公共航路多选用双向航路、推荐航路、推荐航线、警戒区、分道通航制等形式中的一种或多种的组合。

1.1.3 实行船舶定线的方法

为了满足船舶定线的目的,提高海上交通汇聚、密集和活动自由受限或存在航行障碍物等区域的航行安全,可以根据当时当地交通实际情况(包括船舶和交通环境两方面)采用下列几种方法之一或其中某几种的组合建立并实行各种船舶定线。

(1) 采用分隔带,如不可能则采用分隔线,分隔相反的交通流。

(2) 用天然障碍物与地理上明确表示的物体分隔交通。这一方法适用于有明显障碍物的情况,诸如岛屿、浅滩或者礁石的地区。这些障碍物限制了船舶的活动自由,但又为相反的交通流提供了天然的分隔。

(3) 采用沿岸通航带分隔过境通航和区间通航。在分道通航制的外界限以外,船舶是可以以任何航向航行的。位于分道通航制与海岸之间的区域可以指定为沿岸通航带,其目的在于使区间通航避开供过境通航使用的分道通航制。沿岸通航带的通航与相邻分道通航制内的通航,是用分隔带或分隔线来分隔的。

（4）对接近汇聚点的相邻分道通航制采用扇形分隔。这种方法适用于船舶从各个方向汇聚到一个点或一个狭小区域的情况，如港口进口处、海上引航站、近陆浮标或灯船设置处、狭水道，以及运河、河口等的进出口处，都可以认为是这样的汇聚点。

（5）用于汇聚点、航路连接处和交叉路口的定线措施，应从下列方法中选择最适合的一种。

①环形道。如果证明确实需要，可以使用环形道以引导通航船舶围绕一个圆形分隔带或指定点做逆时针方向环行。

②航路连接。这一方法在两条航路连接或交叉处采用。交通流的方向均在相邻的分隔制的通航分道中确立。为了强调通航船舶从一个分隔制出入另一个分隔制所采取的正确穿越方法，其分隔带可以中断，或用分隔线代替分隔带。

③警戒区。当几条航路汇聚到一处时，最好在它们可能的连接点之前就使其完全中断。在这种情况下，可以用一个警戒区以强调谨慎航行的必要性。

（6）其他定线方法。可以使用的船舶定线方法还有深水航路、双向航路、推荐航路、推荐航线、避航区等。

1.1.4 沿海公共航路的规划原则及设计标准

1）沿海公共航路的规划原则

（1）只应建立在能因此而明显地改善航行安全的区域。

（2）为某一区域选择某种沿海公共航路形式时，应旨在为船舶提供通过该区域的安全通道而又对其合法的权利和做法无不正当的限制，并应考虑到预测的或现存的航行危险。

（3）规划和建立公共航路时，应考虑：

①有关区域内现有的交通形式，包括沿岸通航、穿越通航等；

②由于港口发展引起的交通形式可以预见的变化；

③现存的渔场；

④沿海勘探或海床开发的现有活动及可以预见的发展；

⑤环境因素，包括主要的气象条件和潮流等；

⑥现有的环境保护区和建立这种区域的可以预见的发展等。

（4）沿海公共航路应根据需要进行检查、复勘及调整，以便保持其有效性并适应于贸易方式、沿海勘探、资源开发、水深变化及其他的发展。

（5）在考虑建立一个新的公共航路时，应及早与下列人员或机构进行商讨：

①使用该区域的海员；

②负责助航设施、水道测量和航海出版物的主要机关；

③港口主管机关；

④有关捕捞、沿海勘探与开发、环境保护及相关的组织。

可以看出，沿海公共航路的规划不仅涉及技术问题，而且涉及法律问题。沿海公共航路的建立和实行可以增进海上交通安全，减少和避免海上交通事故，从而使航运部门及某些方面获得利益，然而也可能会给某些方面带来不同程度的损失。因此，单纯从技术观点出发规划沿海公共航路是行不通的。

2）沿海公共航路的设计标准

（1）对技术标准的总的要求

①航路应尽可能遵循经过交通调查所确定的该区域交通流的形式。

②为使船舶无阻碍地通过沿海勘探及开发区域而设立的定线制，如果经证明为适当时，其结构和长度可以不同于通常建立的定线制的规格。

③在一条航路中，应尽可能减少航向的改变，而且避免在接近汇聚区和航路连接处或预期会出现大量穿越交通的区域做航向的改变。

④汇聚区和航路连接处的数目应保持最小，而且应尽可能相隔远一些。相邻的分道通航制的设置，应使在相邻的分道通航制内的接近相反方向的交通流尽可能远远隔开。航路连接处不应设置在穿越交通（如渡船交通）集中的地点。

⑤航路的设计应能最佳使用该区域的助航设施，以及国际公约或 IMO 决议或建议所要求的船用助航设备。

⑥在沿海公共航路内及其附近进行的水道测量，应保证航海出版物主管机关获得现有水深和水面航行危险物的充分资料。

（2）对汇聚区及航路连接处设计在航路汇聚或交叉处时，无论采取哪种定线方法，尤其是在该区域内规定或推荐交通流方向时，必须避免与《规则》的适用产生矛盾。如果采纳推荐交通流方向，应充分考虑所在区域内现有的交通流形式以及船舶定线制的所有其他有关条款的规定。在航路连接处，应特别考虑以下因素：

①需要鼓励穿越通航分道的船舶应与航舶的总流向成直角穿越；

②需要按《规则》要求使让路的船舶有尽可能多的操船余地；

③需要使直航船在到达航路连接处之前，尽可能长时间地保持《规则》所要求的稳定的航向；

④需要促使那些不必按已建立的航路航行的船舶避免在航路连接处或其附近穿越。

1.2　沿海公共航路与船舶定线

1.2.1　国内外研究现状

日本学者藤井认为建立船舶定线制是实现船舶交通理顺的第一步，也是必不可少的一步。1961 年英国、法国、德国三国的航海学会成立了一个联合工作组，专门研究船舶交通繁忙、碰撞事故频发的多佛尔海峡水域的分道航行问题。1967 年 6 月 1 日，世界上第一个现代船舶定线制——多佛尔海峡分道通航制正式实施。其后，船舶定线制在世界各国得到了蓬勃发展，世界著名的繁忙水道，如博斯普鲁斯海峡、劳伦斯海峡等都建立了分道通航制。目前，世界上生效的船舶定线制大部分是按 IMO 标准设计的。为了更好地建立船舶定线制并充分发挥其作用，IMO 于 1985 年通过了《关于船舶定线制的一般规定》，对世界各国建立和实施船舶定线制进行指导，标志着定线制的完整框架已经基本确立。经过修订的《国际海上人命安全公约》(SOLAS)也对船舶定线制的有关问题做出了强制性的规定。目前，世界各国都在不断加强这方面的研究，几乎每年都有新的定线制和现有的定线制修正案提交至 IMO。

沿海公共航路的实质是船舶定线制的一种形式，具有船舶定线制的一般特点，它是海上交通发展到一定阶段后船舶定线制的产物。由于国内外对沿海公共航路的研究还处于初级阶段，其包含的种类基本来源于 IMO 制定的《关于船舶定线制的一般规定》，多选用双向航路、推荐航路、推荐航线、警戒区、分道通航制等形式中的一种或多种的组合。浙江海事局于 2001 年 12 月 14 日公布了《关于浙江沿海主要公共航路锚地的公告》，成为国内首个实施公共航路的海域。

船舶定线的主要形式和最常用的形式是分道通航制。虽然《关于船舶定线制的一般规定》对分道通航制的设计标准提出了原则性的要求，但是在设计一个分道通航制时，还要解决一些具体技术细节问题。现有分道通航制的实施实践也反映出分道通航制中存在的问题，需要加以解决。近年来海上交通研究中有关设计分道通航制的技术问题主要有：海峡附近分道通航制的离岸距离，分道通航制的长度、外界限，通航分道的宽度，航道宽度等。IMO 主持讨论船舶定线制会议的 Paton 提出，分道通航制适应设在离岸 5～15 n mile 处；Cockcroft 则提出，在海峡附近的分道通航制的最外侧界限，应与相关的灯塔保持在 15～20 n mile 的距离之内。如何用间断的分道通航制保持全程性的通航分隔是曾经被研究的重要问题之一。分道通航制的外界限是它的两侧界线，其中向岸一侧的边界线过去常用狭窄的分隔带或分隔线标示，将通航分道和邻近的沿岸通航区分开。

在过去使用分道通航制的实践中发现，贴近分道通航制外界限航行且交通流方向相反的船舶极易形成对遇局面，依据《规则》反而很可能导致碰撞事故。

英国学者 Lewison 建议这种边界的分隔带宽至少应为1 n mile。如果当地水域有限，则宁可使分隔两个通航分道的分隔带窄一些。如果因地理条件限制而无法满足要求，则可考虑在边界线上设置浮标。通航分道的宽度与交通密度、交通量、该分道内的定位精度、地理情况等因素有关。

英国的海上交通工程学者 Curtis 对通航分道中的追越问题进行了深入研究，提出了能见度不良时最小安全追越距离(MSOD)。他建议，通航分道的宽度应达到能使船舶在最小安全距离上进行追越。

英国的 Abdel-Galil 在研究通航分道中航行船舶所需的安全水域时，以船舶领域为基础提出了船舶之间的标准分隔概念，并认为标准分隔的宽度就是确定通航分道的宽度的依据。

日本学者藤井认为大海上确定通航分道宽度的主要因素是定位精度。他针对在大海上和沿海水域交通拥挤及操纵受限的水域提出了对通航分道宽度的设置建议。

关于船舶定线制的理论研究，我国海上交通学者也做了大量的工作。张锡海运用分道通航制和警戒区两种形式的有机组合来实现船舶定线以及优化航路。其中，定线制的长度由船舶速度状况分析得出。关于通航分道的宽度分沿岸航道和进港航道两种情况考虑。沿岸航道宽度通过日本学者藤井的船舶领域概念、英国学者 Coldwell 的船舶领域模型及英国学者 Abdel-Galil 的标准分隔理论综合分析确定，进港航道宽度由《海港总平面设计规范》得出。分隔带宽度则依据分隔带的最小宽度应不小于可用定位方法中相应定位精度标准误差横向分量(垂直于分隔带量取)的 3 倍确定。梁勤华尝试规划渤海海区的交通流：在渤海西部水域施行分道通航制、推荐航线和警戒区的定线措施；在渤海中部水域、老铁山水道和秦皇岛港之间施行推荐航路措施；在东部水域、老铁山水道和营口港之间施行推荐航路措施；在长山水道运用分道通航制措施。刘敬贤教授等对完善渤海海峡海域船舶定线制进行了研究。邵哲平教授等进行了连续 3 天的交通流实态观测及海上交通事故的统计分析，得到厦门湾附近水域的船舶交通特点，提出了该水域船舶定线制的设计方案。翁跃宗教授等在对雷达观测数据进行处理与分析的基础上，开发基于电子海图的交通数据处理与分析的软件工具，采用分类显示航迹和交通流模型图形等方法，揭示台湾海峡主航道的交通流模式。结合 IMO《关于船舶定线制的一般规定》，规划和设计了台湾海峡主航道船舶定线制，并对该定线制方案设计中的技术问题进行了探讨。

可以说，船舶定线制在船舶交通较拥挤水域的实施，有效地分隔了相反的船舶交通流，大大减少了船舶碰撞事故的发生，在保障船舶航行安全、提高船舶交通效率等方面发挥了重要的作用。目前，关于某一特定港口航道规划方面的研究已经有了不少研究成果，包括我国沿海和内河水域均有较成功的船舶定线制等航道规划实践成果，但是对公共航路的规划研究仍处于初步阶段，对省海事局下属辖区水域的公共航路规划并不多见。

1.2.2　航路及定线制的规划情况

我国的船舶定线制与国际相比起步较晚，但是发展步伐较快。我国交通运输部批准并实施的第一个船舶定线制是 1978 年黄海北部和渤海湾分道推荐航线。1992 年该分道推荐航线被废除，而在成山头水域试行了由分道通航制、警戒区和沿岸通航带组成的船舶定线制。此外，在大连港大三山水道，长江口，珠江口青洲水道，长江中、下游水域等地先后实行了船舶定线制。21 世纪以来，我国加大了对船舶定线制的研究和实施力度，《珠江口水域船舶定线制》于 2004 年 6 月 1 日试行并自 2015 年 7 月 1 日起正式实施；《老铁山水道船舶定线制》于 2006 年 6 月 1 日施行；《琼州海峡船舶定线制》于 2007 年 1 月 1 日施行并自 2022 年 4 月 1 日起实施经修订的文件；《青岛水域船舶定线制》于 2007 年 4 月 1 日正式施行并于 2011 年 3 月 1 日发布修订版。与此同时，我国积极将海上船舶定线制理念引入内河水域，长江干线水域以实施船舶定线制为主要手段的航路改革得到了迅猛发展，先后实施了《长江三峡库区船舶定线制规定》《长江安徽段船舶定线制规定》《长江江苏段船舶定线制规定（2021 年）》《长江上海段船舶定线制规定（2024 年）》等。

为打造“安全、有序、畅通”的海上通航环境，保障人民生命财产安全，减少船舶碰撞事故的发生，降低船舶污染风险，提高交通效率，2011 年，交通运输部海事局组织相关单位开展了全国沿海船舶定线制总体规划研究和全国沿海船舶航路总体规划工作，并在充分调研和科学论证的基础上制定了《全国沿海船舶定线制总体规划》和《全国沿海船舶航路总体规划》（以下合称《规划》），为各个沿海海事局的航路设计工作明确了方向，其将为进一步改善水上船舶航行秩序和通航环境，保障船舶顺利进出港口提供指导。

《规划》综合考虑了我国沿海船舶交通状况，根据重要程度和地理位置的不同，把我国沿海船舶定线制分为干线船舶定线制和支线船舶定线制两类。支线船舶定线制又分为重要水域船舶定线制和港口船舶定线制两种类型，共计 26 处船舶定线制，其中有 6 处干线航路船舶定线制，5 处港口（区）船舶定线制，15 处支线航路重要水域船舶定线制。

在船舶定线制的基础上重点规划双向航路、推荐航路（线）和深水航路。综合考虑我国沿海港口布局、水运发展趋势和船舶航行习惯，在我国沿海规划以南北水运主通道为干线、以沿海重要水域和主要港口的出海航路为支线的沿海航路体系。规划共设计了 78 条双向航路、推荐航路（线）和深水航路。

2021 年 8 月，为维护海上通航秩序，依据《中华人民共和国海上交通安全法》有关规定，根据海域自然状况、海上交通状况、航海实践确定，浙江海事局对浙江沿海主要公共航路进行调整。优化调整后，浙江沿海 15 条主要公共航路呈“三纵六横”格局，对营造安全、有序、畅通的浙江沿海通航环境，保障浙江海上交通安全具有十分重要的作用。近年来，随着长江经济带、浙江海洋经济发展示范区等国家和区域重大战略的深入实施，浙江沿海通航环境和船舶通航规律发生重大变化。为着力消除浙江海区航线纵横交错、船舶通航密集带来的商渔船碰撞事故多发隐患，适应浙江海洋经济发展新形势，浙江海事局会同农业农村等部门和有关地市政府于 2019 年就启动了沿海航路优化调整工作。优化调整后的“三纵六横”格局，即由北接上海、南连福建、自西向东纵向分布的“外航路”“东航路”“西航路”和东西横向进出浙江港口、分布于舟山北部、舟山中北部、舟山中部、宁波舟山港核心港区、台州湾、温州港及乐清湾等 6 个港口密集区的进出港航路组成。通过航路调整，将有效理顺浙江沿海船舶交通流，改善浙江沿海通航环境，同时配套实施船舶航行行为的规范引导，可构建起相对科学合理的航路和渔区界限，从源头上降低商渔船碰撞风险。

2023 年 3 月，为维护福建沿海水域良好的通航环境和通航秩序，保障船舶航行安全，福建海事局对福建沿海水域推荐内航路、中航路、外航路等航路进行了优化调整。推荐内航路距岸较近、水深较浅、可航水域宽度有限、转向点多，部分航段在岛屿间穿行，碍航物多，航路交叉多，水流情况复杂，但沿途助导航设施完备，能方便应用岛屿、灯塔、灯标等路标定位。通航船舶以 5 000 吨级以下船舶为主，船舶通航密度较大，尤其是大风浪期间船舶交通流较为集中，部分航段因航路水深、航路可航宽度受限仅供小型船舶航行。本航路未设定宽度，建议南下航行船舶沿航路西侧或北侧可航水域航行，北上航行船舶沿航路东侧或南侧可航水域航行，以减少会遇局面。

2023 年 11 月，为进一步规范辖区船舶航行秩序，保障海上交通安全，依据《中华人民共和国海上交通安全法》等有关法律法规，辽宁海事局公布了辽宁沿海船舶公共航路。

2023 年 12 月，为进一步规范渤海及以东海域船舶航行秩序，保障海上交通安全，依据《中华人民共和国海上交通安全法》等有关法律法规，天津海事局、辽宁海事局、河北海事局、山东海事局发布了渤海及以东海域主要公共航路的通告。经多年发展，山东沿海目前初步形成“1 纵 2 横 64 支线”架构的“海上路网”。“1 纵”是指成山角定线制至长江口航路（该航路跨多省，非山东海事局公布），航海界习惯称之为南北大通道，是中国沿海船舶航行的大动脉；“2 横”是指成山角定线制至老铁山水道航路、成山角定线制至长山水道航路。“64 支线”是从干线到各港口和港口与港口之间的航路。山东海域航路全面覆盖渤海南部海域、渤海海峡及以东海域、黄海沿岸海域“三大海域”，连通中国沿海南北大通道、长山水道、老铁山水道“三大通道”，基本实现山东沿海全海域、各地市、主要港口均有航路，山东沿海成为中国沿海航路最发达的海域之一。

1.3　广西沿海航路研究

1.3.1　研究背景

船舶定线在减少和避免水上交通事故、保证船舶航行安全、提高船舶交通效率等方面起着十分重要的作用，沿海公共航路的科学规划和有效实施是实现沿海海上交通可持续发展迫切需要解决的实际问题。

为使船舶交通“安全、高效、畅通、有序”，除了确保“船舶适航、船员适任”外，还要加强船舶交通管理。船舶定线制是船舶交通管理的一个组成部分，对于减少船舶碰撞、搁浅等事故的作用已经得到了国际、国内航海界和主管机关的认可。沿海公共航路的实质是船舶定线制的一种形式，其包含的种类基本来源于 IMO 制定的《关于船舶定线制的一般规定》。

广西沿海航路纵横交错，船舶交通密集，气象条件恶劣，水上交通事故时有发生，尤其近年来海上风电场、船舶航路、港口功能区、农业养殖区、海洋倾废区、自然保护区等多个资源开发利用矛盾突出。按照《中华人民共和国海上交通安全法》、《全国沿海船舶航路总体规划》和《全国沿海船舶定线制总体规划》的要求，为改善广西北部湾沿海通航环境，提高海上交通效率，保障船舶航行安全，广西海事局从 2020 年底开始，积极组织科研机构对广西北部湾沿海船舶航路调整方案进行研究，为广西北部湾沿海的航路规划和交通格局建设提供技术支撑。

因此，为有效提高沿海船舶交通效率，保障通航安全，促进海上交通可持续发展，在该海域引入公共航路的规划研究是十分必要的。同时，本研究的实施，对建设西部陆海新通道、北部湾国际门户港，优化海上资源利用，优化调整北部湾海上航路，统筹北部湾海域安全和发展具有重要的参考意义。

1.3.2 主要研究方法

（1）调查研究

通过对广西海事局进行实地调研，向广大船员发放问卷调查表和查阅相关文献等多种方式收集课题所必需的原始资料。

（2）专家咨询

就课题相关方面以会议、座谈、个别交流等形式，征询专家的意见。

（3）系统科学方法

用系统科学的理论和观点，从整体和全局出发，从系统与要素、要素与要素、结构与功能以及系统与环境的对立统一关系中，对研究对象进行考察、分析和研究，使问题得到最优化的处理与解决。

（4）定性分析与定量分析有机结合

以定性分析作为定量分析的基础和前提，用定量分析反证定性分析的结果。定性分析往往能减少定量分析的复杂性。定量研究可以对定性研究的结果起到修正作用，甚至可以推翻原有的定性结论而得出新的定性结论。

（5）实地调查与理论分析相结合

基于船舶自动识别系统（AIS）的海上交通实态观测方法，利用 AIS 中心的船舶交通资料，研究船舶航行规律，调查广西北部湾沿海海域船舶交通流及交通事故情况。充分利用沿海原有的船舶习惯航路、有关航海图书资料中涉及的习惯航法和各港口的进港航道，利用尽量简单的公共航路形式将上述航路连接成网，共同组成广西北部湾沿海公共航路。

1.3.3 主要研究内容

（1）航路及水域通航环境调查

采用资料收集分析、文献查阅及现场调研的方式，收集广西辖区的自然环境与港口环境资料。分析广西沿海各海区的航道、航路等通航水域及特殊区域等。

（2）广西沿海交通流调查

对广西沿海主要习惯航路设置门线，利用全球 AIS 网络系统搜集广西辖区 2019 年、2020 年全年的船舶 AIS 交通流统计资料，对辖区内各习惯航路进行通航密度研究。

（3）广西沿海船舶通航现状分析

结合船舶 AIS 统计资料分析广西辖区的船舶通航状况，明确主要的船舶通航密集区、航路交汇区、船舶习惯航路等，分析其对广西沿海船舶通航的影响。

（4）广西沿海船舶通航规律及航路规划建议

通过研究，提出广西沿海船舶的通航格局，以及广西沿海航路规划方案及参数，计算广西沿海航路通过能力，预测港口吞吐量及船型发展，并提出重点区域通航管理合理化建议。

第 2 章 广西沿海通航环境

2.1 广西沿海水域范围

北部湾，其行政区跨广东省、广西壮族自治区、海南省，位于南海的西北部，是中国西南最便捷的出海港湾，东临中国广东雷州半岛和海南岛，北临广西壮族自治区，西临越南，与琼州海峡和南海相连，被中越两国陆地与中国海南岛所环抱。海域总面积约 12.8 万 km^2，是南海西北部一个美丽富饶的海湾。

北部湾是中国大西南地区的重要出海口，是中国大陆通往东南亚地区及非洲、欧洲和大洋洲航程最短的港口，是中国大西南和华南地区货物的出海通道，是全国沿海主要枢纽港之一，现已与世界众多国家和地区通航。

2.2 自然环境

2.2.1 气象

2.2.1.1 风

北部湾属热带季风气候和亚热带季风气候，北部湾海区冬半年因受大陆蒙古冷高压边缘的影响，从 10 月到翌年 2 月，盛行 NE 风向，出现频率为 28%～35%，次常风向为 N 向，出现频率为 20%～25%。夏半年受西南季风气流的影响，偏南向风增多。

《中国航路指南》(A103 南海海区)对南海北部的风况描述为：华南沿海 9 月至次年 4 月为东北季风期，风向稳定。平均风力，粤东海区 5 级，粤中 4～5 级，粤西及北部 3～4 级。强寒潮侵袭时，粤东东部沿海及北部湾海区都曾出现过 12 级阵风，海南岛海面 10 月至次年 3 月为东北季风期，东部和北部平均风力 4～5 级，西部和南部 3～4 级，东部最大阵风可达 8 级。6—8 月为西南季风期。风向不稳定，平均风力 3～4 级。

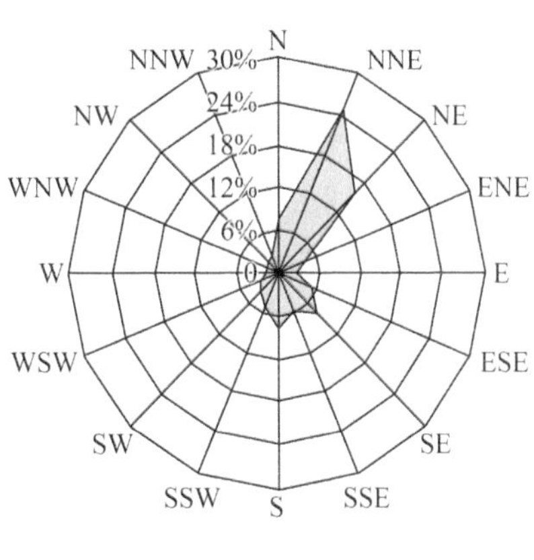

图 2.2-1 地面气象站全年风玫瑰图

根据地面气象站 2018 年 11 月—2019 年 10 月一整年的资料，得到全年风玫瑰图(图 2.2-1)，各向最大风速、平均风速和频率见表 2.2-1。

表 2.2-1　各向最大风速、平均风速和频率表

风向	平均风速(m/s)	最大风速(m/s)	频率(%)
N	4.5	16	17
NNE	5.1	15	17
NE	4.2	13	7
ENE	3.0	11	2
E	3.2	19	3
ESE	3.4	19	3
SE	3.6	16	4
SSE	3.7	14	5
S	4.0	19	7
SSW	4.3	16	6
SW	3.6	14	6
WSW	3.1	15	4
W	2.6	11	3
WNW	1.8	6	1
NW	2.0	11	2
NNW	2.9	12	8
C	—	—	4

注:数据四舍五入计。

2.2.1.2　气温

年平均气温 22.9 ℃;

历年极端最高气温 39.6 ℃;

历年极端最低气温 2.9 ℃。

2.2.1.3　降水

北部湾海域平均降水量为 1 600～2 000 mm;雨季集中在 4—9 月,以 6—8 月份雨量最大。

2.2.1.4　雾

雾主要出现在南海北部沿海,中部和南部很少出现。一般属平流雾,有时也出现混合性质的平流辐射雾。影响能见度的因素主要有雾、霾、烟、浮尘、雨、雪等。在南海主要因素是雾，其次是霾和降水。南海是中国能见度较好的海区。

北部湾海雾通常在夜间生成，持续至 8—9 时，少数持续到 10 时。雾程较短，一般 1～2 天，3 天以上的较少。北部湾海区的雾多出现在冷暖气团交错的季节，北部湾海域年均雾日 13 天，大多数集中在 2—3 月，5—12 月一般无雾。

2.2.1.5　灾害性天气

热带气旋系热带低压、热带风暴、强热带风暴和台风的总称。

影响该海域的热带气旋多为台风，约占 50%，其次为强热带气旋，约占 30%，台风影响主要来自于登陆海南岛、雷州半岛，或入北部湾的热带气旋，而登陆台风或进入北部湾的台风已经减弱，所以该海域受台风的影响是相对较小的。一般情况下，从琼州海峡西行进入北部湾的热带气旋对作业海域影响相对较大，从海南岛南部北上进入北部湾的的热带气旋对该区域的影响也相对较大。

广西沿海处于南海和太平洋台风影响区域范围之内，基本每年都会发生热带气旋。影响广西的热带气旋移动路径主要有两种：第一种是在西太平洋上生成发展，一路西行，在广东雷州半岛至海南岛之间第一次登陆后，继续向西北方向移动，在广西沿海地区或中越边界再次登陆；第二种是在北部湾海面生成、发展，在北部湾北部海面活动，然后在广西沿海地区或中越边界登陆。

广西地处东南沿海，属热带气旋影响范围。根据中国气象台台风网等相关资料，近 50 年期间(1970 年至 2019 年)，对广西北部湾海域极端风况影响较大的热带气旋将近 100 个，均始于 5 月终于 12 月，影响集中期为 7—9 月。

2.2.2　水文

2.2.2.1　潮流

北部湾海域的海流主要是风生流，其次是沿岸流和暖流。这些海流有明显的季节性变化，易受风的影响，比较复杂。

海流主方向在 1 月份为西和西南，概率大约是 58%，海流速度超过 0.5 m/s 的概率大约是 14%；10 月份海流的特征与 1 月份差不多，在该月里，海流主方向为西和西南，其概率大约是 56%，海流速度超过 0.5 m/s 的概率大约是 26%；8 月份，海流的方向主要是北和东北向，概率大约为 44%，与 1 月的西及西南向海流相比，概率值要小一些，该月的海流速度相对地也要小一些，超过 0.5 m/s 的概率大约为 8%。

2.2.2.2 波浪

海浪包括风浪和涌浪。风浪是在风的直接作用下产生的，涌浪是风浪传出风区或风停后余留的海浪。南海的风浪和涌浪受风的季节变换影响，具有显著的季节性。

整个南海涌浪大于风浪。一年中以 3、4 级浪为最多，约占全部浪级的 44%～47%；5 级浪占 18%～31%；大于 5 级的占 6%。最大浪一般不超过 7 级。在台风、冷空气、西南大风或邻近海区地震、火山爆发的影响下，可以形成 8～9 级的海浪。

1. 东北浪盛行期

10 月海浪以东北浪为主，11 月至翌年 3 月，整个海域盛行东北浪，约占全部浪向的 56%以上，其中 12 月至翌年 2 月占 65%。南海北部东北浪的频率一般在 47%以上，12 月最高为 74%，月平均波高都在 1.2 m 以上，最高为 2.7 m。

4 月仍有较多的东北浪，但平均频率不高，年际变化较大。这一时期由于季风持续时间长，风速大，风区广，成为全年大浪（指波高≥2 m 的浪）频率最高的时期，台湾海峡西南方大浪频率最大，高达 50%以上。由此向东北和西南延伸，形成了从东北向西南的大浪。后随着东北季风的减弱大浪频率逐渐减小。

2. 西南浪盛行期

6—9 月西南浪的频率为 40%以上。南海北部除 9 月外，西南浪的频率为 21%～43%，月平均波高一般在 1 m 以上，最高为 2.2 m。中部西南浪的频率为 40%～56%，月平均波高为 0.9～1.6 m。南部西南浪的频率为 35%～48%，月平均波高 0.6～1.4 m。

6—10 月为南海台风活动频繁的时期，大浪频率一般比浪向交替时期高一些。但是由于西南季风比东北季风持续时间短，风力小，所以大浪频率远不如东北季风期高，一般为 20%～30%。9 月大浪分布比较均匀，绝大部分海区都在 20%以下。10 月，南海北部海区大浪增多，中南部海区则相对比较平静。

3. 浪向交替期

5 月和 9 月为浪向交替期。5 月浪向多变，浪速小，大浪频率不足 10%，为南海最平静的时期，由西南浪过渡到东北浪是比较迅速的。9 月，由偏南浪很快地转为偏北浪，这时大浪又逐渐增多起来。

2.2.3 地形地貌

北部湾属于浅海半封闭性大陆海域，湾内海底地形平坦，自西北向东南倾斜，坡度约为 0.3%。湾内等深线分布趋势大致与海岸平行，平均水深为 39 m，大部分区域在 20～60 m，最大水深约 100 m。北部湾南部与南海相接的湾口处等深线密集，部分区域水深陡增至 1 000 余米。北部湾主要通过南部的湾口和琼州海峡同外部进行水交换。北部湾北岸钦州湾、铁山港处发育向南延伸的潮流三角洲；琼州海峡西出口发育东西向潮流沙脊；海南岛西岸发育南北向、北西—南东向潮流沙脊和东西向沙波；北部湾西南部发育潮流冲刷沟槽；中部地形较平坦。

2.3　港口环境

2.3.1　港口

本项目所在北部湾海域，属广西海事局辖区，辖区内沿海港口主要有北海港、钦州港及防城港。

1. 港口现状

1）广西沿海

（1）北海港

截至 2021 年底，北海港由 8 个港区组成，分别为：石步岭港区、海角老港区、侨港客运旅游泊位港区、铁山港西港区、铁山港东港区、涠洲岛港区、沙田港区以及大风江港区。铁山港西港区和东港区合称为铁山港区。

北海港域进出港主要货种有煤炭、石油、天然气、金属及非金属矿石、化肥等。

（2）钦州港

钦州港是我国大西南最便捷的出海口岸、国家一类口岸，也是广西壮族自治区主要的商、渔和工业港。

截至 2021 年底，钦州港主要生产性泊位集中在金谷港区、大榄坪港区和三墩港区，以及茅岭、沙井、龙门等港点。钦州港以集装箱和石油化工运输为主，积极发展集装箱干线运输和为临港产业服务的货物运输，具备多式联运、装卸仓储，临港工业、现代物流、保税、航运服务、旅游客运等功能。

（3）防城港

防城港包括渔澫港区、企沙港区、企沙东港区和茅岭、榕木江、白龙、潭吉、京岛、竹山、大小冬瓜等港点，其中渔澫港区为大型综合性港区，企沙港区和企沙东港区为大型临港工业服务港区。

渔澫港区分为 7 个作业区，分别为第一作业区至第六作业区以及马鞍岭作业区。

2) 北部湾东南部

除广西沿海港口外，北部湾东南部有海南省海口港、洋浦港、八所港等多个港口。

(1) 海口港

海口港位于海南岛北岸中部的海口湾和澄迈湾内，港口西起澄迈湾的玉包角，东至铺前湾的北港岛，北隔琼州海峡与雷州半岛相望，是海南岛与大陆之间的水上交通枢纽和岛内各种生产和生活物资的集散地。

海口港素有“琼州门户”之称，拥有海岸线长达 82.3 km，规划分为 3 个港区，分别是秀英港区、新海港区和马村港区。各港区都已对外开放，具有完备的港口设施、设备。

(2) 洋浦港

洋浦港由洋浦港区、神头港区和后水湾港区组成，其中后水湾港区为预留远景发展港区。

截至 2023 年底，洋浦港形成由洋浦港区和神头港区组成的“一港两区”发展格局。洋浦港共有码头泊位 51 个，其中生产性泊位 46 个，码头岸线总长 11.7 km。

(3) 八所港

截至 2024 年底，八所港已建有鱼鳞洲和罗带河两个港区，合计已建成生产性泊位 13 个，其中，鱼鳞洲港区生产性泊位有 7 个，罗带河港区生产性泊位有 6 个。

2. 港口规划

1) 防城港域

(1) 港区划分

防城港域规划有渔澫港区、企沙西港区和龙门港区(大小冬瓜作业区)等枢纽港区，小港区有榕木江作业区，港点有竹山港点、京岛港点等，规划远景预留发展企沙南港区和企沙东港区。

(2) 港口岸线利用规划

防城港港口规划岸线主要有竹山段、京岛段、潭吉段、白龙段、马鞍岭段、渔澫半岛西段、渔澫半岛东段、榕木江段、企沙半岛西段、企沙半岛南段、企沙半岛东段、茅岭段、大小冬瓜段，此外规划外海 30 万吨级码头段，为预留港口岸线。

2) 钦州港域

(1) 港区划分

根据腹地社会经济、城市建设、产业布局、综合交通和港口自身的发展需求等，钦州港划分为金谷港区、大榄坪港区、三墩港区等重点发展枢纽港区，以及龙门港点、茅岭港点、平山港点、沙井港点和三娘湾港点等。

(2) 港口岸线利用规划

根据钦州市海岸线资源的特点和现行城市总体规划等相关规划，综合考虑钦州市社会经济的近期建设及长远发展需要，对适宜建港的岸线提出如下规划岸线开发利用方案。规划岸线主要包括钦州湾西北岸线、钦州湾北岸线、钦州湾东岸线、茅岭岸线、平山岸线、沙井岸线、三娘湾岸线，钦州港域规划利用的港口岸线 64.570 km，其中深水港口岸线 51.017 km，约占规划港口岸线的 79.0%。

3) 北海港域

(1) 港区划分

北海港域规划布置石步岭港区、铁山港西港区和铁山港东港区等 3 个枢纽港区，小港区、港点有涠洲岛港区、合浦港区、海角港点和侨港港点，远景预留发展大风江港区(大风江东作业区)。

(2) 港口岸线利用规划

防城港港口规划岸线主要有大风江东段、海角段、石步岭段、侨港段、铁山港西段、铁山港东段、沙田段、涠洲岛段。

2.3.2　航路

根据《全国沿海船舶航路总体规划》、《中国航路指南》(A103 南海海区)、《广西北部湾水域船舶航行指南》、《广西海事局关于公布广西北部湾沿海船舶习惯航路的通知》，2023 年 3 月 10 日前，广西北部湾沿海船舶习惯航路共计干线航路 6 条，分别为广西防城港至琼州海峡西口航路、北海港经涠洲岛东面到琼州海峡西口航路、琼州海峡西口至越南港口航路、防城港至东南亚各国西航路、广西沿海各港至海南岛西岸航路和防城港至越南海防以北港口航路(白须参考点)。15 条支线航路，分别为白龙港至琼州海峡西口航路、企沙港至琼州海峡西口航路(涠洲岛西面航路、涠洲岛东面航路)、钦州港至琼州海峡西口航路、北海港至琼州海峡西口航路、涠洲岛至琼州海峡西口航路、铁山港经涠洲岛东面到琼州海峡西口航路、钦州港经涠洲岛东面至琼州海峡西口航路、北海港至东南亚各国航路、铁山港至东南亚各国航路、钦州港至东南亚各国航路、白龙港至越南海防以北港口航路、企沙港至越南海防以北港口航路、钦州港至越南海防以北港口航路、北海港至越南海防以北港口航路。

北部湾船舶习惯航路分布示意图如图 2.3-1 所示。

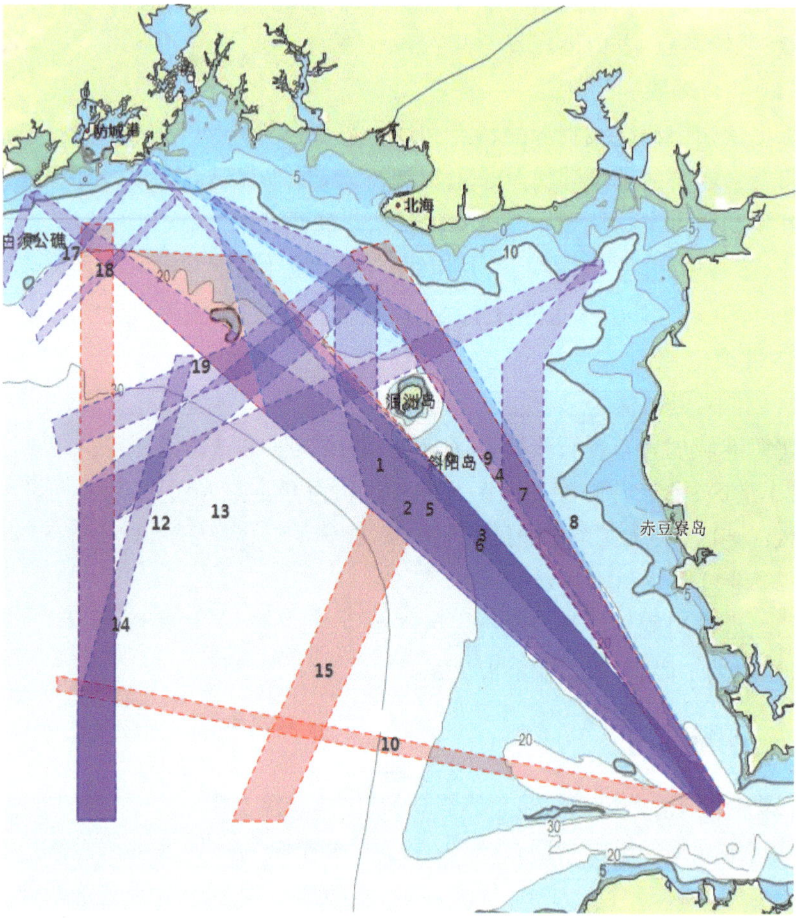

图 2.3-1　北部湾船舶习惯航路分布示意图

2.3.3　航道

1. 航道现状

1）防城港水域

防城港进港航道呈"Y"形，由外航道、防城湾内的西湾航道和东湾航道组成。主要的航道有三牙航道、西贤航道、牛头航道和暗埠江航道。

外航道即三牙航道，由防城湾外海至现有 20 万吨级码头处，长 17.336 km，为 20 万吨级航道，航道有效宽度 195 m，底高程－17.9 m，乘潮保证率 90%。

西湾航道由三牙航道北端向西北至西湾内港区，由南向北依次分为四段。西贤航道和牛头航道为 7 万～10 万吨级，其中，10 万吨级段长 3.666 km，底宽

130 m，底高程−13.5 m；7万吨级段长1.516 km，底宽130 m，底高程−12.5 m；11#～12#泊位前的牛头航道为5万吨级，底宽125 m，底高程−11.0 m；从10#泊位至6#泊位段航道为3万吨级，底宽125 m，底高程−9.5 m。

由三牙航道北端现有20万吨级码头向东北至5万吨级液体化工码头段的东湾航道现为5万～10万吨级，其中10万吨级航道段长1.538 km、底宽160 m、底高程−13.0 m，5万吨级航道段长1.454 km、底宽160 m、底高程−11.4 m；从液体化工码头至防城港电厂码头段的东湾航道现为5万吨级，长5.123 km，底宽165 m，底高程−9.7 m，乘潮保证率30%。

2）钦州水域

（1）东航道

钦州港东航道扩建工程（扩建10万吨级双向航道）二期工程调整项目在原批复10万吨级双向航道的基础上对航道进行局部浚深，南起钦州港东航道外海−13.3 m水深处，北至三墩作业区中船项目西侧，衔接钦州港东航道扩建工程（扩建10万吨级双向航道）一期工程起点，以局部浚深的单向航道计航道长度为15.021 km，航道里程为N0+000 m至N15+021 m。航道通航标准在10万吨级集装箱船双向乘潮（乘潮保证率为90%）通航的基础上，增加满足10万吨级集装箱船满载单向不乘潮进出港，兼顾15万吨级集装箱船满载单向乘潮进出港（乘潮历时3 h、保证率100%）和20万吨级集装箱船满载单向乘潮进出港（乘潮历时3 h、保证率90%）的通航要求。局部浚深后，南段航道通航宽度为265 m，三墩航道通航宽度为280 m；航道设计底高程−16.3 m（局部岩石区域−16.5 m，当地理论深度基准面）。目前，钦州港东航道扩建工程一、二期工程调整项目已通过竣工验收。

（2）金鼓江航道

金鼓江航道轴线布置在金鼓江作业区和大榄坪作业区的规划岸线之间的中轴线上。航道设计起点位于与10万吨级航道轴线相交点A，航道设计终点G位于距金鼓江大桥轴线514 m处（4倍船长和半桥宽），由南往北依次布置5万吨级、1万吨级、5 000吨级三段不同等级的航道。金鼓江航道工程于2014年6月开工，已于2015年12月完工。

①K0+000～K4+879段为5万吨级航道，口门段K0+000～K0+747.4段航道有效宽度为150.8 m，同时也是渐变过渡段，K0+747.4～K4+879段航道有效宽度为140.4 m；设计底高程−11.3 m（高程基准面为果子山理论深度基准面，下同），乘潮保证率为90%（乘潮历时1 h，乘潮水位3.55 m）。

②K4+879～K5+201段为1万吨级航道，航道有效宽度从140.4 m渐变

过渡至 80.8 m，设计底高程按纵向 1∶10 坡比从－11.3 m 渐变到－6.6 m，乘潮保证率为 90%（乘潮历时 1 h，乘潮水位 3.55 m）；金鼓江航道与果鹰航道连接段航道弯曲半经为 80.8 m。

③K5＋201～K5＋879.448 段为 5 000 吨级航道，航道有效宽度 75.8 m，设计底高程按纵向 1∶10 坡比从－6.6 m 渐变过渡到－5.2 m，乘潮保证率为 90%（乘潮历时 1 h，乘潮水位 3.55 m）。

④金鼓江航道与果鹰航道连接转弯处按 1 万吨级航道标准建设，设计底高程－6.6 m，航道轴线长 1 474.498 m。

(3) 30 万吨级支航道

30 万吨级支航道起于钦州港 30 万吨级进港航道终点 A，止于 30 万吨级油码头与港池连接的喇叭口 Y 点，由单一航段组成。航道轴线走向为 21.5°～201.5°，长度为 8.51 km(4.60 n mile)。

航道有效宽度 320 m，设计底宽 314.4 m，通航水深 24.38 m，设计底高程－21.0 m(果子山理论最低潮面)，乘潮水位 3.81 m，保证率 70%，乘潮历时 4 h。航道设计边坡取 1∶7。

3) 北海水域

北海外航道(石步岭港区进港航道)，位于引航检疫锚地至内锚地之间的天然航槽内，无暗礁和拦门沙。航道可分为 3 段：第一段自北海港 1 号灯浮至 12 号灯浮，长约 8.6 n mile，航道走向 190°19′～010°19′；第二段自北海港 12 号灯浮至 16 号灯浮，长约 1.8 n mile，航道走向 238°24′～058°24′；第三段自北海港 16 号灯浮至 17 号灯浮东南方，长约 1.6 n mile，航道走向 253°00′～073°00′。第一、二段航道为 5 万吨级航道，底宽 160 m，水深 10 m 以上；第三段航道底宽 80 m，水深 7 m 以上。

石步岭港区航道，连接北海港外航道，位于 15 号灯浮标至石步岭港区港池内，航道顺直，呈东南至西北走向，方位 130°，长约 0.9 n mile，宽度 130 m，水深 7.6～11.2 m，沙泥底。

铁山湾航道由湾口的铁山港区进港航道和湾内航道(包括北暮外航道、石头埠航道、沙田航道)组成。

(1) 铁山港区进港航道：包括进港西航道和进港东航道。

进港西航道全长 21 km，其中 ABC 段为 15 万吨级单向航道兼顾 26.6 万 m^3 LNG 船、CD 段为 3.5 万吨级单向航道，底宽 AB 段 330 m、BC 段 190 m、CD 段 140 m，底高程 AB 段－14.7 m、BC 段－14.0 m、CD 段－8.0 m，ABC 段乘潮水位 2.8 m、保证率 90%。其轴线控制点坐标如下：

A：21°21′13.021″N、109°33′56.048″E

B：21°27′09.591″N、109°32′43.408″E

C：21°28′58.850″N、109°33′33.120″E

D：21°30′54.230″N、109°36′11.470″E

进港东航道属自然习惯航路，全长约 13 km，未经疏浚深挖，E4 号标往北 1.6 n mile 处与进港西航道汇合。航道布置航标 4 座，其中红标 1 座，绿标 3 座；入口处有大面积浅滩，可供 500 总吨以内船舶航行，500～1 000 总吨的船舶可候潮航行。

（2）湾内航道：包括北暮外航道、石头埠航道和沙田航道。

北暮外航道为 3.5 万吨级单向航道，起点位于上述进港西航道 D 点，全长 2.8 km，底宽 140 m，底高程－8.0 m。其轴线控制点坐标如下：

D：21°30′54.230″N、109°36′11.470″E

E：21°32′27.120″N、109°36′27.960″E

石头埠航道为 3.5 万吨级单向航道，起点位于上述北暮外航道 E 点，全长 5.2 km，底宽 140 m，底高程－8.0 m。其轴线控制点坐标如下：

E：21°32′27.120″N、109°36′27.960″E

F：21°35′06.110″N、109°35′23.020″E

沙田航道属自然习惯航路，进港东航道 E4 灯浮北 0.5 n mile 处为航道出入口。航道狭窄，水深多为 1 m 左右，水道两侧多浅滩及渔桩。不熟悉此航道的船进出港较困难。小船可沿红沙尾及东沙浅滩之间的狭窄水道进入，水道入口处为一黑色冠形浮标，货船如要进入，需乘高潮时驶入。现按 1 万吨级航道疏浚。

2. 航道规划

1）防城港域

防城港域航道包括防城湾湾外主航道、湾内的西湾航道和东湾航道东侧的白龙航道；防城港域与钦州港域共用纳入钦州港域规划东侧的白龙航道；防城港域与钦州港域共用纳入钦州港域规划的茅岭航道。

（1）三牙航道（湾外主航道）

防城湾外海至渔澫港区现有 20 万吨级矿石码头处的进港航道为三牙航道。规划外海至企沙南作业区西南约 3 km 处为 30 万吨级及以上单向航道，通航尺度经专题研究论证确定；规划外海至现有 20 万吨级矿石码头处为 20 万吨级双向航道，通航宽度 395 m，设计底高程－17.9 m。

（2）西湾航道

规划在渔澫港区第六作业区南侧约 3.7 km 处开辟新西贤航道，设单向航道，并满足 7 万吨级船舶双向通航，通航宽度 265～285 m。设 5 万吨级单向航道，通航宽度 125～140 m，设计底高程－8.0～－12.0 m。由第二作业区 9 号泊位向西北至马鞍岭作业区旅游客运码头区段航道规划为 10 万吨级客船单向航道，通航宽度 180 m，设计底高程－10.4 m。由第一作业区 4 号泊位往西北至马鞍岭作业区的港口辅助配套区段航道规划为 1 000 吨级单向航道，通航宽度 80 m，设计底高程　5.1 m。

（3）东湾航道

东湾航道规划为单向航道。自南向北分为以下几段。

东湾航道：从现有渔澫港区 20 万吨级矿石码头往北至 5 万吨级化工码头段规划为 10 万吨级航道，通航宽度 200 m，设计底高程－13.7 m；5 万吨级化工码头往北至 510 号泊位段规划为 5 万吨级航道，通航宽度 156～200 m，设计底高程－11.9～－13.0 m；511 号泊位至 516 号泊位段规划为 3 万吨级航道，通航宽度 128 m，设计底高程为－10.7 m。

赤沙航道：包括南、北两段，其中，南段航道从渔澫港区第六作业区 613 号泊位向东北至企沙港区赤沙作业区中部，北段航道从第四作业区 404 号泊位至企沙港区赤沙作业区北侧，规划为 5 万吨级航道，通航宽度 150 m，设计底高程－11.9 m。

云约江航道：规划为 0.3 万～5 万吨级航道，通航宽度为 70～160 m，设计底高程为－4.8～－12.2 m。

潭油航道：从现有渔澫港区 407 号泊位往东北方向至防城港电厂码头段规划为 10 万吨级航道，通航宽度 190 m，设计底高程－13.7 m；从电厂码头至风流岭江口段规划为 5 万吨级航道，通航宽度 150 m，设计底高程－7.3 m；榕木江段规划为 5 000 吨级航道，通航宽度 80 m，设计底高程－7.3 m；榕木江段规划为 5 000 吨级航道，通航宽度 80 m，设计底高程－5.9 m。

（4）企沙南航道

企沙南航道包括南、北两段：从三牙航道往东进入企沙南作业区 2 号港池的南段航道规划为 20 万吨级单向航道，通航宽度 230 m，设计底高程－17.9 m；从三牙航道往东进入企沙南作业区 1 号港池的北段航道规划为 10 万吨级单向航道，通航宽度 190 m，设计底高程－13.8 m。

（5）企沙东航道

企沙东航道为企沙南作业区东侧作业区的进港航道。从外海向北进入企沙南作业区 4 号港池的南段航道规划为 20 万吨级单向航道，通航宽度 225～240 m，设计底高程－17.9 m；再向北进入企沙南作业区 3 号港池的北段航道规划为 5 万吨级单向航道，通航宽度 140～150 m，设计底高程－12.2 m。

(6) 白龙航道

白龙航道为白龙港点的进港航道。由外海向北进入珍珠湾后向东北至珍珠墩南侧规划为 5 万吨级单向航道,通航宽度 155 m,设计底高程－10.2 m;珍珠墩向东北至小双石南侧规划为 5 000 吨级单向航道,通航宽度 85 m,设计底高程－6.9 m。

2) 钦州港域

钦州港规划航道包括从外海进入钦州湾内的钦州湾西航道和钦州湾东航道、茅尾海内的茅岭航道和沙井航道、鹿耳环江内的乌雷航道。

(1) 钦州湾西航道

钦州湾西航道规划扩建至 10 万吨级单向航道,通航宽度 210 m,设计底高程－14.3 m。

(2) 钦州湾东航道

钦州湾东航道外海至三墩西作业区 30 万吨级油码头段规划为 30 万吨级单向航道,通航宽度 320 m,设计底高程－21.7 m;三墩西作业区 30 万吨级油码头南侧向东北至三墩港区北港池段规划为 20 万吨级单向航道,通航宽度 270 m,设计底高程－17.8 m;外海至大榄坪南作业区 9 号泊位段规划为 20 万吨级双向航道,通航宽度 460～526 m,设计底高程－16.3 m,满足 20 万吨级集装箱船双向通航;大榄坪南作业区 8 号泊位至 1 号泊位段规划为 10 万吨级双向航道,通航宽度 360 m,设计底高程－15.2 m,满足 10 万吨级集装箱船双向通航;鹰岭作业区至樟木环作业区段规划为 10 万吨级单向航道、5 万吨级双向航道,通航宽度 240 m,设计底高程－11.6～－14.3 m。

金鼓江内的金鼓江航道规划为 0.5 万～7 万吨级单向航道,通航宽度 75.8～183 m,设计底高程－5.2～－15.2 m。

(3) 茅岭航道

茅岭航道由樟木环至茅岭江口,规划为 3 000 吨级单向航道,通航宽度 84 m,设计底高程－5.4 m。

(4) 沙井航道

沙井航道由樟木环至沙井,规划为 2 万总吨客船航道,兼顾 5 000 吨级江海轮双向通航,通航宽度 118～135 m,设计底高程－7.9 m。

(5) 乌雷航道

鹿耳环江内的乌雷航道规划为 3 万总吨客船航道,通航宽度 132 m,设计底高程－8.5 m。

3）北海港域

（1）廉州湾航道

廉州湾内主要规划石步岭航道，现为5万吨级货船单向航道，随着港区大型邮轮泊位的建设逐步扩建至22.5万总吨客船单向航道，通航宽度160～225 m，底高程－11.5 m。

（2）铁山湾航道

铁山湾航道由湾外的铁山湾进港航道、湾口的铁山港区进港航道以及湾内航道组成。

铁山湾进港航道：由涠洲岛北部外海向东北延伸至铁山湾口，规划为30万吨级航道，通航宽度385 m，设计底高程－17.8 m。

铁山港区进港航道：包括进港西航道和进港东航道。

进港西航道由铁山湾口向西北至北暮作业区7号泊位段规划为15万吨级双向航道，通航宽度360 m，设计底高程－17.8 m；由北暮作业区3号泊位折向东北至北暮外航道段规划为10万吨级单向航道，通航宽度190 m，设计底高程－14.0 m。

远期由铁山湾口向东北经东深槽开辟进港东航道至北暮外航道，规划为10万吨级双向航道，兼顾15万吨级船舶单向通航，通航宽度205～360 m，设计底高程－14.0～－17.8 m。

湾内航道：湾内航道由北暮外航道、石头埠航道、雷田航道、沙田航道组成。

北暮外航道为进港东航道北端至石头埠作业区5号泊位处，规划为10万吨级双向航道，通航宽度360 m，设计底高程－14.0 m。

石头埠航道的石头埠作业区5号泊位向西北至北海电厂码头南端段规划为10万吨级单向航道，通航宽度190 m，设计底高程－14.0 m；北海电厂码头以北段（包括电厂码头前沿段）规划为5万吨级单向航道，通航宽度150 m，设计底高程－12.2 m。

雷田航道为验潮站向北至雷田作业区段航道，考虑雷田作业区码头前沿天然水深较浅、适宜建设万吨级以下泊位，因此，雷田航道规划为0.5万～1万吨级单向航道，通航宽度75～95 m，设计底高程－6.5～－7.5 m。

沙田航道规划为5万吨级单向航道，通航宽度150 m，设计底高程为－12.2 m。

（3）侨港航道

侨港航道为侨港港点进港航道，规划为5 000吨级单向航道，通航宽度86 m，设计底高程为－6.0 m。

2.3.4　锚地

北部湾锚地主要有北部的北海港、钦州港和防城港锚地。

2.3.4.1　锚地现状

1. 北海港锚地

石步岭港区和海角老港区附近有 2 个引航检疫锚地、3 个内锚地。$1^{\#}$ 引航检疫锚地水深 10.7～12.2 m，泥底；$2^{\#}$ 引航检疫锚地水深 10.5～12.7 m，泥底。内锚地位于地角至外沙的北侧，划分为 $1^{\#}$ 锚地、$2^{\#}$ 锚地、$3^{\#}$ 锚地，其中 $1^{\#}$ 锚地水深最深，这 3 个锚地均可泊 1 000 吨级以上船舶 10～15 艘，可避强风。

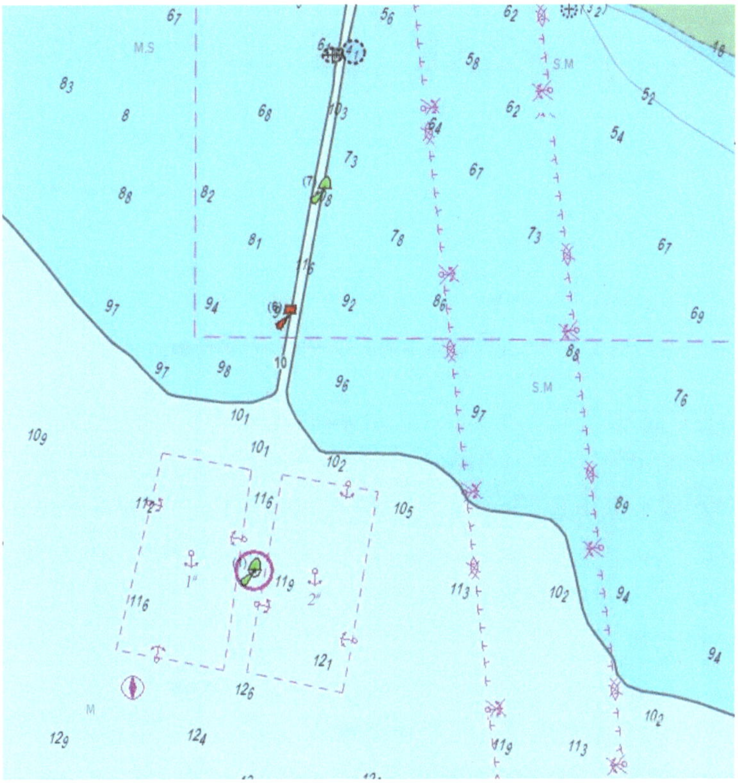

图 2.3-2　北海港外锚地分布

侨港客运旅游泊位港区有 2 个锚地，侨港客运码头 $1^{\#}$ 锚地水深 3.2～4.7 m，泥、沙底；侨港客运码头 $2^{\#}$ 锚地水深 5.7～6.9 m，泥、沙底。

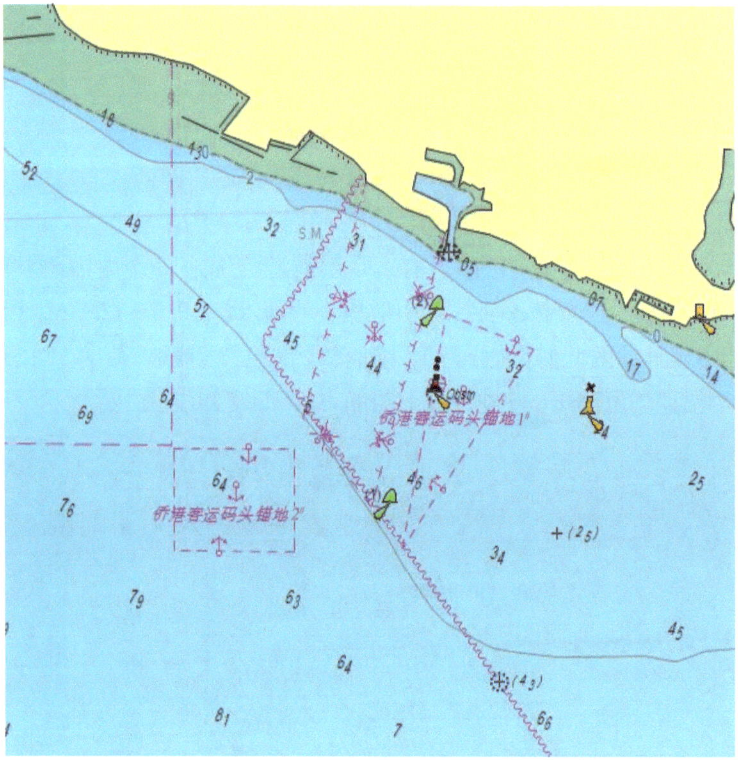

图 2.3-3　北海港外侨港客运旅游泊位港区锚地分布

铁山港区锚地有 3 个，分别为铁山港锚地、石头埠锚地和白沙港锚地。铁山港锚地位于铁山港区大牛石灯桩南东南 7 n mile 处，大部分水深 10～16 m，其西侧局部水域水深不足 5 m，泥沙底；石头埠锚地位于石头埠码头正前方，长 3 000 m，宽 1 000～1 400 m，水深 6～8 m，沙底，可供 6 艘 1 000 吨级船舶避 10 级以下诸向风；白沙港锚地位于石头埠北方 5 n mile 处，水深 2 m 以上，可供渔船避 12 级台风。

2. 钦州港锚地

钦州港锚地包括西航道外引航检疫锚地、东航道外引航检疫锚地以及内锚地。其中，西航道外引航检疫锚地位于中心点坐标，面积为 1 600 m×1 600 m 的方形水域内，水深 10.2～11.4 m，泥底，可供 4 艘万吨级船舶同时锚地；东航道引航检疫锚地共 3 个，位于东航道外，水深 11.6～19 m，泥底，1# 锚地为 1 万～2 万吨级海轮锚地，2#、3# 锚地为 3 万～5 万吨级海轮锚地；内锚地分为 4 个锚地，位于果子山西侧，水深 6～14 m，泥底，主要供千吨级船舶锚泊。

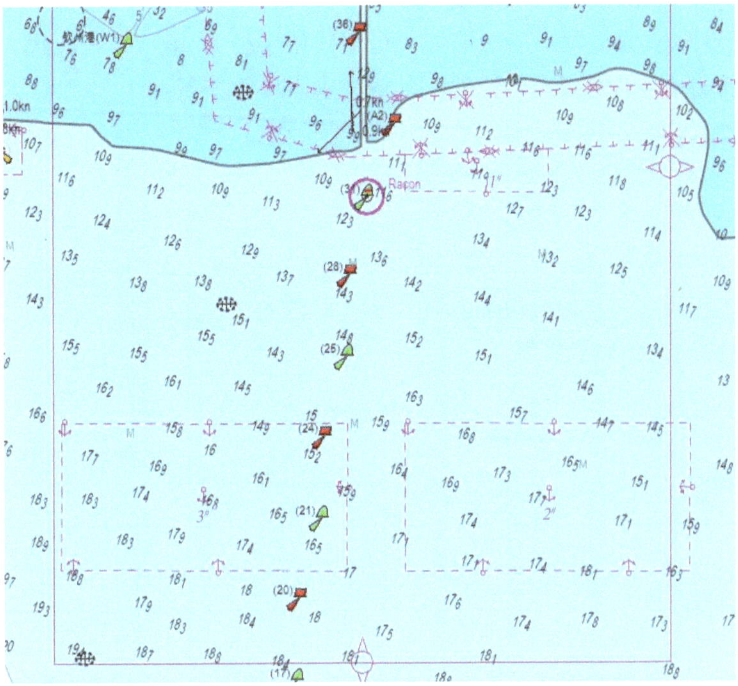

图 2.3-4　钦州港外锚地分布

3. 防城港锚地

防城港现有锚地：引航检疫锚地（0[#]锚地），底高程－13.0 m；大型船舶待泊及避风锚地（1[#]锚地），底高程－12～－14 m；大型船舶引航检疫锚地（3[#]锚地），底高程－17～－19.5 m；防城港公用锚地 2-1[#]、2-2[#]于 2016 年 3 月投入使用；防城港 4[#]、5[#]、6[#]、7[#]四个锚地于 2017 年 7 月建成并由海事部门对外公布投入使用。

（1）0[#]锚地

0[#]锚地为引航检疫锚地，半径 1 000 m，锚地中心点坐标如表 2.3-1 所示。

表 2.3-1　0[#]锚地中心点坐标表

区域	点号	WGS-84 坐标	
		经度(E)	纬度(N)
0[#]锚地	BM0	108°22′22.07″	21°27′40.62″

（2）1[#]锚地

1[#]锚地为大型船舶待泊及避风锚地，面积为 8 km×4.7 km，共有 10 个锚位，位于三牙航道的两侧，西侧设B1、B2两个锚位，东侧设B3～B10等8个锚位，其中B9、B10为危险品船舶锚位。每个锚位半径为450 m，底高程－12～－14 m，为1万～3万吨级船舶锚地。各锚位中心位置如下：

B1：21°29′00″N、108°20′27″E；B2：21°28′30″N、108°20′27″E

B3：21°29′00″N、108°22′17″E；B4：21°28′30″N、108°22′10″E

B5：21°29′00″N、108°22′48″E；B6：21°28′30″N、108°22′48″E

B7：21°29′00″N、108°23′21″E；B8：21°28′30″N、108°23′21″E

B9：21°29′02″N、108°23′54″E；B10：21°28′45″N、108°24′12″E

锚地控制点坐标见表2.3-2。

表2.3-2　1#锚地控制点坐标表

区域	点号	WGS-84坐标	
		经度(E)	纬度(N)
1#锚地	FBM1	108°20′05″	21°27′12″
	FBM2	108°20′05″	21°29′44″
	FBM3	108°24′39″	21°29′44″
	FBM4	108°24′39″	21°27′12″

(3) 3#锚地

3#锚地为3万吨级以上大型船舶引航检疫锚地，面积为5.68 km×5.6 km，共有15个锚位，锚地控制点坐标见表2.2-3。

表2.3-3　3#锚地控制点坐标表

区域	点号	WGS-84坐标	
		经度(E)	纬度(N)
3#锚地	SH1	108°21′39.71″	21°22′05.93″
	SH2	108°21′22.15″	21°23′42.18″
	SH3	108°24′35.36″	21°25′09.96″
	SH4	108°24′35.35″	21°25′05.96″

(4) 2-1#锚地

锚地范围为BM1、BM2、BM3、BM4依次连线包围成的水域。其中：BM2、BM3、BM4、BM5、BM6、BM7所围水域为5万吨级散货船舶锚位区，BM1、BM5、BM6、BM7所围水域为7万吨级散货船舶锚位区。锚地控制点坐标见表2.3-4。

表 2.3-4　2-1# 锚地控制点坐标表

区域	点号	WGS-84 坐标	
		经度(E)	纬度(N)
2-1# 锚地	BM1	108°25′47″	21°21′26″
	BM2	108°25′48″	21°23′30″
	BM3	108°30′22″	21°23′29″
	BM4	108°30′21″	21°21′26″
	BM5	108°25′47″	21°21′58″
	BM6	108°28′06″	21°21′58″
	BM7	108°28′06″	21°21′26″

(5) 2-2# 锚地

锚地范围为 SH1、SH2、SH3、SH4 四点连线围成的水域。其中 SH3、SH5、SH7、SH8 所围水域为 5 万吨级散货及集装箱船舶锚位区，SH7、SH8、SH9、SH10 所围水域为 7 万吨级散货船舶锚位，SH4、SH6、SH9、SH10 所围水域为 10 万吨级散货及集装箱船锚位。锚地控制点坐标见表 2.3-5。

表 2.3-5　2-2# 锚地控制点坐标表

区域	点号	WGS-84 坐标	
		经度(E)	纬度(N)
2-2# 锚地	SH1	108°21′06″	21°20′59″
	SH2	108°21′06″	21°23′56″
	SH3	108°24′20″	21°23′56″
	SH4	108°24′19″	21°20′59″
	SH5	108°22′01″	21°23′56″
	SH6	108°22′00″	21°20′59″
	SH7	108°22′01″	21°22′20″
	SH8	108°24′20″	21°22′20″
	SH9	108°22′01″	21°21′40″
	SH10	108°24′19″	21°21′40″

(6) 4#、5#、6#、7# 锚地

4# 锚地：位于 3# 锚地南侧约 1.4 km 处，为 LNG 船及危险品船引航、待泊及检疫锚地，面积 6.0 km×6.0 km，水深约 20～24 m。

5# 锚地：位于 4# 锚地东南侧约 7.7 km 处，为 15 万吨级船舶引航、待泊及检疫锚地，面积 13.0 km×7.0 km，水深约 23～27 m。

6# 锚地:位于 5# 锚地南侧约 1 km 处,为 20 万吨级船舶引航、待泊及检疫锚地,面积 19.0 km×11.0 km,水深约 27～32 m。该锚地为防城港域与钦州港域到港 20 万吨级船舶共用候潮锚地。

7# 锚地:位于 6# 锚地南侧约 1.6 km 处,为 30 万吨级以上船舶引航、待泊及检疫锚地,面积 5.0 km×4.0 km,水深约 32 m。

4#、5#、6#、7# 锚地控制点坐标见表 2.3-6。

表 2.3-6　4#、5#、6#、7# 锚地控制点坐标表

锚地编号	控制点	大地坐标		水域面积(km^2)	功能
		纬度(N)	经度(E)		
4# 锚地(LNG 船及危险品船)	FM41	21°15′40.41″	108°16′05.65″	36	引航、待泊、检疫
	FM42	21°18′55.16″	108°16′17.91″		
	FM43	21°18′43.62″	108°19′45.73″		
	FM44	21°15′28.88″	108°19′33.39″		
5# 锚地(15 万吨级)	FM51	21°07′50.87″	108°21′18.40″	91	引航、待泊、检疫
	FM52	21°11′38.46″	108°21′18.95″		
	FM53	21°11′37.35″	108°28′49.64″		
	FM54	21°07′49.76″	108°28′48.91″		
6# 锚地(20 万吨级)	FM61	21°01′20.73″	108°21′03.19″	209	引航、待泊、检疫
	FM62	21°07′18.39″	108°21′04.03″		
	FM63	21°07′16.67″	108°32′02.42″		
	FM64	21°01′19.02″	108°32′01.14″		
7# 锚地(30 万吨级)	FM71	20°58′18.82″	108°21′29.37″	20	引航、待泊、检疫
	FM72	21°00′28.88″	108°21′29.68″		
	FM73	21°00′28.49″	108°24′22.81″		
	FM74	20°58′18.43″	108°24′22.46″		

2.3.4.2　锚地规划

根据《广西北部湾港总体规划修编》(报批本)、《北部湾港总体规划(2035 年)》、《北海港总体规划(2035 年)》及《钦州港总体规划(2035 年)》等,广西沿海锚地规划如下。

1. 北海港锚地

(1) 石步岭港区锚地

根据规划,石步岭港区有 2 个港外锚地,总面积 12.2 km^2。

1 万～2 万吨级锚地：位于石步岭航道进口东南侧，面积为 1.6 km×4.1 km，水深超过 11 m，满足 10 万总吨客船锚泊要求。

3 万～5 万吨级锚地：位于石步岭航道进口东南侧约 7.2 km 处，面积为 1.9 km×3.0 km，水深约 16 m，满足 22.5 万总吨客船锚泊要求。

(2) 铁山港区锚地

为满足铁山湾到港船舶的候潮待泊、检疫等需要，结合近期的测量和勘察资料，对原北海港总体规划中铁山港区规划的 4 个湾外锚地和 1 个湾内锚地的位置和范围进行合理调整，并新增规划 3 个湾外锚地。调整后在铁山湾外规划 7 个铁山港西港区和铁山港东港区共用的港外锚地，在湾口规划 1 个应急锚地，在湾内规划 1 个港内锚地，锚地总面积 267.45 km^2，各锚地规划情况如下。

1 万～3 万吨级锚地：位于目前铁山湾进港航道进口南侧，面积 6 km×2 km，水深超过 12 m。

5 万～10 万吨级锚地：位于 1 万～3 万吨级锚地西侧，面积为 10 km×3 km，水深 15～18 m。

5 万～7 万吨级锚地：位于 5 万～10 万吨级锚地西南约 14.3 km 处，面积为 10 km×5 km，水深 17 m 左右。

10 万吨级锚地：位于涠洲岛西北约 11 km 处，面积为 6 km×4.5 km，水深 20～22 m。

LNG 船及危险品船锚地：位于铁山湾进港航道南侧、5 万～7 万吨级锚地南侧约 6.6 km 处，面积为 4 km×4 km，水深超过 17 m。

10 万～15 万吨级锚地：位于涠洲岛西侧偏北约 21 km 处，面积为 10.5 km×6 km，水深 22～26 m。

10 万～15 万吨级锚地：位于涠洲岛西侧约 14 km 处，面积为 10.5 km×6 km，水深 22～26 m。

5 000 吨级以下船舶港内锚地：位于铁山港东港区充美作业区西北侧约 1.2 km 处，为 5 000 吨级以下船舶避风和待泊的临时锚地，面积为 3.5 km×0.7 km，水深 2～5 m。

应急锚地：位于铁山湾口铁山湾进港航道的东侧，为 15 万吨级液化气船的应急锚地，面积为 2 km×2 km，水深 16.2 m。

2. 钦州港域

钦州港规划 12 个港外锚地、4 个港内锚地和 1 个应急锚地，面积 586.6 km^2。

外 1# 锚地：位于钦州湾口小扭鸡礁西南约 3 km 处，为 2 000 吨级船舶引航、待泊及检疫锚地，面积为 2.1 km×5.5 km，设计水深 6 m。

外 2# 锚地：位于钦州湾西航道目前起点西南约 3.5 km 处，为 1 万吨级船舶引航、待泊及检疫锚地，面积为 3.1 km×2.0 km，设计水深 10.5 m。

外 3# 锚地：位于钦州湾东航道南段航道起点东侧约 2.2 km 处，为 2 万吨级化学品船和危险品船的引航、待泊及检疫锚地，兼顾为 15 万吨级液化气船的应急锚地，面积为 4.6 km×3.6 km，设计水深 16 m。

外 4# 锚地：位于钦州湾东航道南段航道起点西南约 2.1 km 处，为 2 万吨级船舶引航、待泊及检疫锚地，面积为 23.9 km^2，设计水深 12.6 m。

外 5# 锚地：位于外 3# 锚地南侧 1 km 处，为 3 万～5 万吨级船舶引航、待泊及检疫锚地，面积为 4.6 km×(4.0～6.2)km，设计水深 14.4～15.6 m。

外 6# 锚地：位于外 4# 锚地西南约 3.4 km 处，为 10 万吨级船舶引航、待泊及检疫锚地，面积为 7.2 km×13.0 km，设计水深 17.5～20 m。

外 7# 锚地：位于外 5# 锚地南侧约 6.2 km 处，为 5 万吨级化学品船和油船引航、待泊及检疫锚地，面积为(3.2～8.6)km×(6.4～10.4)km，设计水深 15.4 m。

外 8# 锚地：位于外 6# 锚地南侧约 2 km 处，为 10 万～15 万吨级油船引航、待泊及检疫锚地，面积为 10.0 km×10.0 km，设计水深 21.5～25.0 m。

外 9# 锚地：位于外 7# 锚地东侧偏南约 9.3 km 处，为 15 万吨级危险品船引航、待泊及检疫锚地，面积为 3.5 km×12.4 km，设计水深 19～21 m。

外 10# 锚地：位于钦州湾东航道外海 30 万吨级航道起点东南约 5.2 km 处，为 10 万～20 万吨级集装箱船引航、待泊及检疫锚地，面积为(6.5～13.0)km×(5.1～9.1)km，设计水深 24～27 m。

外 11# 锚地：位于外 10# 锚地南侧约 2 km 处，为 30 万吨级油船引航、待泊及检疫锚地，面积为 7.6 km×4.6 km，设计水深 32～35 m。

外 12# 锚地：位于外 11# 锚地西侧约 9 km 处，为危险品船引航、待泊及检疫锚地，面积为 7.5 km×12 km，设计水深 32～36 m。

内 1# 锚地：位于钦州湾东航道三墩航道西侧约 600 m 处，为 5 000 吨级以下船舶待泊锚地，面积为(1.3～2.2) km×3.66 km，设计水深 5～8 m。

内 2# 锚地：位于钦州湾西航道北端右侧、青菜头南侧约 350 m 处，为万吨级以下船舶待泊锚地，面积为 0.4 km×1.1 km，设计水深 5～15 m。

内 3# 锚地：位于钦州湾西航道北端左侧、红沙东侧约 1.6 km 处，为3 000 吨级以下船舶待泊锚地，面积为 0.4 km×1.5 km，设计水深 5～9 m。

内 4# 锚地：位于茅尾海南部大海公以南处，为 3 000 吨级以下船舶待泊锚地，面积为 0.57 km×2.4 km，设计水深 3～5 m。

应急锚地：位于钦州湾西航道北端左侧、六墩东北侧约 300 m 处，半径 600 m，设计水深 19.2 m。

3. 防城港域

防城港域规划以下 8 个港外锚地和 1 个港内锚地，面积为 506.9 km^2。

0# 锚地：为万吨级船舶锚地，以北纬 21°26′59.42″、东经 108°23′25.49″为圆心，半径为 1 000 m，水深超过 14 m，是防城湾的引航、检疫锚地。

1# 锚地：位于防城湾口、企沙南作业区以南约 490 m 处，为 1 万～10 万吨级船舶待泊及检疫的锚地，面积为 9.0 km×8.0 km，水深超过 12.5 m。

2# 锚地：位于 1# 锚地西侧约 3.9 km 处，为 1 万～10 万吨级船舶引航、待泊及检疫锚地，面积为 4.0 km×6.0 km，水深超过 10.5 m。

3# 锚地：位于 2# 锚地南侧约 4.1 km 处，为 10 万吨级船舶引航、待泊及检疫锚地，面积为 9.0 km×6.0 km，水深超过 18 m。

4# 锚地：位于 3# 锚地南侧约 1.4 km 处，为 LNG 船及危险品船引航、待泊及检疫锚地，面积为 6.0 km×6.0 km，水深 20～24 m。

5# 锚地：位于 4# 锚地东南侧约 7.7 km 处，为 15 万吨级船舶引航、待泊及检疫锚地，面积为 13.0 km×7.0 km，水深 23～27 m。

6# 锚地：位于 5# 锚地南侧约 1 km 处，为 20 万吨级船舶引航、待泊及检疫锚地，面积为 19.0 km×11.0 km，水深 27～32 m。该锚地为防城港域与钦州港域到港 20 万吨级船舶共用候潮锚地。

7# 锚地：位于 6# 锚地南侧约 1.6 km 处，为 30 万吨级以上船舶引航、待泊及检疫锚地，面积为 5.0 km×4.0 km，水深约 32 m。

5 000 吨级以下船舶港内锚地：位于企沙港区潭油作业区西侧约 800 m 处，面积为 1.36 km×0.62 km，水深 5～8 m。

2.4　特殊区域

2.4.1　禁渔禁锚区

北部湾存在两条通往海南的海底电缆，一条横跨钦州港，经由北海冠头岭西侧转向延伸至涠洲岛西面，连接海南临高，两侧设置了禁渔禁锚区；一条经由北海侨港码头附近，经涠洲岛东面，连接海南临高，禁止抛锚与捕捞(图 2.4-1)。

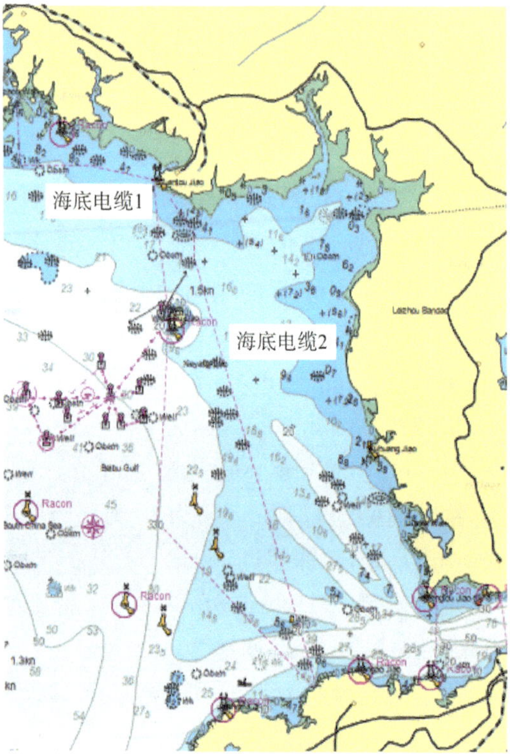

图 2.4-1　广西北部湾海域海底电缆分布图

2.4.2　倾倒区

广西壮族自治区生态环境厅提供的广西近岸倾倒区情况如表 2.4-1 所示。

表 2.4-1　《全国海洋倾倒区规划(2021—2025 年)》选划广西近岸倾倒区情况表

倾倒区	纬度(N)	经度(E)
钦州港 30 万吨级进港航道疏浚工程疏浚物临时性海洋倾倒区 A 区	21°20′28″	108°28′00″
	21°22′40″	108°28′00″
	21°22′40″	108°31′00″
	21°20′28″	108°31′00″
钦州港 30 万吨级进港航道疏浚工程疏浚物临时性海洋倾倒区 B 区	21°15′00″	108°25′00″
	21°17′00″	108°25′00″
	21°17′00″	108°25′40″
	21°15′40″	108°27′00″
	21°15′00″	108°27′00″

续表

倾倒区	纬度(N)	经度(E)
防城港倾倒区	21°24′54.76″	108°30′29.47″
	21°22′44.54″	108°30′29.47″
	21°22′43.96″	108°31′49.80″
	21°24′56.49″	108°31′48.57″
铁山港外临时性海洋倾倒区	21°17′9.904″	109°18′47.207″
	21°18′15.440″	109°21′23.297″
	21°16′48.286″	109°22′3.978″
	21°15′42.761″	109°19′27.908″
新增 1	21°26′4.460″	108°12′30.515″
	21°26′4.248″	108°14′38.355″
	21°23′53.135″	108°14′38.091″
	21°23′53.346″	108°12′30.283″
新增 2	21°24′46.378″	108°24′15.144″
	21°25′47.900″	108°24′15.318″
	21°24′44.249″	108°26′49.756″
	21°23′44.168″	108°26′49.568″
	21°23′44.338″	108°25′46.414″
新增 3	21°26′10.158″	108°51′52.690″
	21°26′9.354″	108°54′24.059″
	21°23′41.269″	108°54′22.919″
	21°23′42.072″	108°51′51.593″
新增 4	21°12′57.600″	109°30′0.000″
	21°14′24.000″	109°31′40.800″
	21°12′32.400″	109°32′42.000″
	21°8′9.600″	109°30′0.000″
廉州湾外远海倾倒区 N32 调整后坐标	21°26′4.460″	108°12′30.515″
	21°26′4.248″	108°14′38.355″
	21°23′53.135″	108°14′38.091″
	21°23′53.346″	108°12′30.283″
铁山港外远海倾倒区	21°13′30″	109°25′28″
	21°13′30″	109°27′27″
	21°11′36″	109°27′27″
	21°11′36″	109°25′28″

续表

倾倒区	纬度(N)	经度(E)
涠洲岛西倾倒区	20°57′37.60″	108°48′31.20″
	20°57′38.90″	108°52′40.00″
	20°55′26.90″	108°52′40.90″
	20°55′25.50″	108°48′31.70″
涠洲岛东倾倒区	21°00′27.80″	109°15′29.90″
	21°00′28.60″	109°19′38.70″
	20°58′16.60″	109°19′39.30″
	20°58′15.80″	109°15′30.10″

2.4.3 海上风电场

根据广西海域风能资源、建设条件、接入系统条件、通航条件等，并结合敏感因素排查成果，规划初选 A、C、F、L、M、N、P、Q、R 共 9 个海上风电场区域。

图 2.4-2　广西北部湾海域海上风电场规划分布图

结合各规划区域情况，总体上按照近海单个项目装机容量 30 万～70 万 kW、远海单个项目 50 万～160 万 kW 对各区域进行细分(部分项目规模按场址大小确定)，将 A、C、F、L、M、N、P、Q、R 共 9 个海上风电场规划区域共划分 28 个场址，其中 C 区域划分 C1～C2 共 2 个场址，F 区域划分 F1(F1-1、F1-2)～F3 共 4 个场址，L 区域划分 L1～L2 共 2 个场址，M 区域划分 M1～M8 共 8 个场址，N 区域划分 N1～N5 共 5 个场址，Q 区域划分 Q1～Q4 共 4 个场址，A、P、R 区域不再进一步划分，初框用海面积约 3 930 km^2(含风能恢复区)。

2.4.4　石油平台

涠洲岛西南方存在一处石油平台群，石油平台和管线众多，船舶应注意其周边设置的安全区和禁航区。

图 2.4-3　广西北部湾海域石油平台分布图

2.4.5　海洋牧场

在北海海域存在两处海洋牧场，具体位置情况如表 2.4-2 所示。

表 2.4-2　广西沿海海洋牧场控制点坐标表

名称	纬度(N)	经度(E)
广西北海银滩南部海域国家级海洋牧场示范区	21°18′06.296″	109°07′43.799″
	21°17′58.422″	109°08′37.855″
	21°16′52.762″	109°08′38.009″
	21°17′00.744″	109°07′43.685″

续表

名称	纬度(N)	经度(E)
广西北海冠头岭西南侧海域精工南珠国家级海洋牧场示范区	21°22′N	108°58′30″
	21°24′30″	108°58′30″
	21°24′30″	108°55′E
	21°22′N	108°55′E

第 3 章

广西北部湾沿海船舶交通流分析

3.1　船舶交通流统计

3.1.1　交通流流量线分析

为分析广西北部湾沿海船舶整体交通流态势，通过 AIS 航迹回放技术，分别获取了 2019 年和 2020 年全年的广西北部湾沿海交通流核密度示意图，如图 3.1-1 所示，进而开展船舶交通流统计分析。

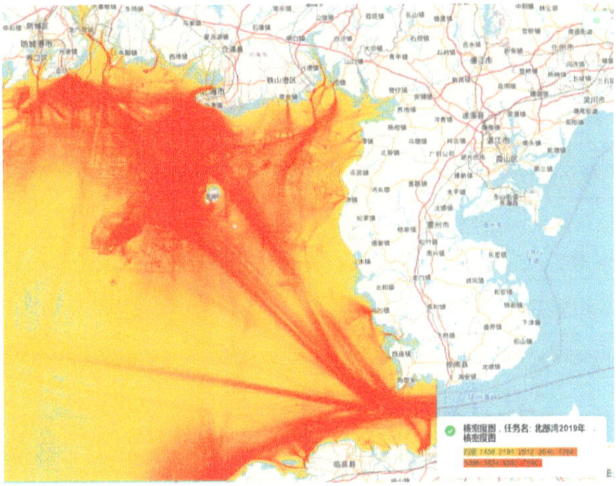

(a) 2019 年

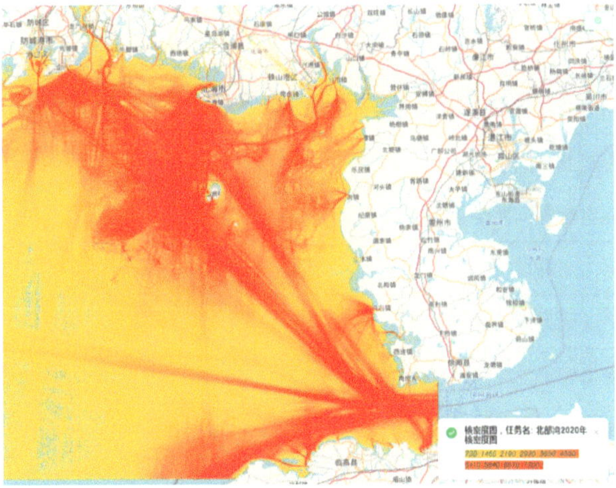

(b) 2020 年

图 3.1-1　广西北部湾沿海交通流核密度示意图

3.1.2 交通流门线设置

为详细了解广西北部湾沿海各主要航路、航道、航门的船舶流量情况，找出船舶航迹分布与通航密集区，根据广西北部湾沿海水域船舶通航环境现状，设置了 21 个船舶交通流门线，并统计各门线在 2019 年和 2020 年全年的船舶交通流量。广西北部湾沿海船舶交通流门线设置情况如表 3.1-1 和图 3.1-2 所示。

表 3.1-1 广西北部湾沿海船舶交通流门线设置表

门线	名称	起点坐标(E,N)	终点坐标(E,N)
1	广西防城港至琼州海峡西口航路	(109°27′28″,20°36′12″)	(109°21′33″,20°30′40″)
2	白龙港至琼州海峡西口航路	(108°18′1″,21°23′25″)	(108°19′26″,21°25′15″)
3	企沙港至琼州海峡西口航路——涠洲岛西面航路	(108°34′47″,21°26′53″)	(108°35′26″,21°27′30″)
4	企沙港至琼州海峡西口航路——涠洲岛东面航路	(108°35′52″,21°28′47″)	(108°36′24″,21°29′42″)
5	北海港至琼州海峡西口航路	(108°55′59″,21°10′45″)	(109°1′58″,21°10′41″)
6	北海港经涠洲岛东面到琼州海峡西口航路	(109°28′8″,20°38′27″)	(109°31′30″,20°40′40″)
7	铁山港经涠洲岛东面到琼州海峡西口航路	(109°27′40″,21°15′56″)	(109°30′23″,21°13′55″)
8	钦州港经涠洲岛东面至琼州海峡西口航路	(108°48′17″,21°21′43″)	(108°49′37″,21°24′21″)
9	琼州海峡西口至越南港口航路	(109°8′54″,20°17′8″)	(109°8′34″,20°15′16″)
10	防城港至东南亚各国西航路	(108°13′5″,20°43′2″)	(108°24′17″,20°42′55″)
11	北海港至东南亚各国航路	(108°36′24″,21°2′49″)	(108°39′41″,20°58′57″)
12	铁山港至东南亚各国航路	(109°13′44″,21°12′36″)	(109°15′1″,21°9′52″)
13	钦州港至东南亚各国航路	(108°26′1″,20°44′41″)	(108°28′27″,20°43′49″)
14	广西沿海各港至海南岛西岸航路	(108°54′7″,20°33′29″)	(108°59′55″,20°30′30″)
15	白龙港至越南海防以北港口航路	(108°7′21″,21°19′50″)	(108°8′55″,21°18′43″)
16	企沙港至越南海防以北港口航路	(108°10′57″,21°15′19″)	(108°12′52″,21°13′32″)
17	钦州港至越南海防以北港口航路	(108°13′13″,21°11′1″)	(108°13′50″,21°9′58″)
18	北海港至越南海防以北港口航路	(108°15′46″,20°59′39″)	(108°16′46″,20°55′20″)

续表

门线	名称	起点坐标(E,N)	终点坐标(E,N)
19	钦州港至琼州海峡西口航路	(108°39′24″,21°24′3″)	(108°41′33″,21°24′51″)
20	钦州港东航道	(108°31′27″,21°23′15″)	(108°37′23″,21°22′43″)
21	至流沙港航路	(109°44′27″,20°35′52″)	(109°44′40″,20°29′19″)

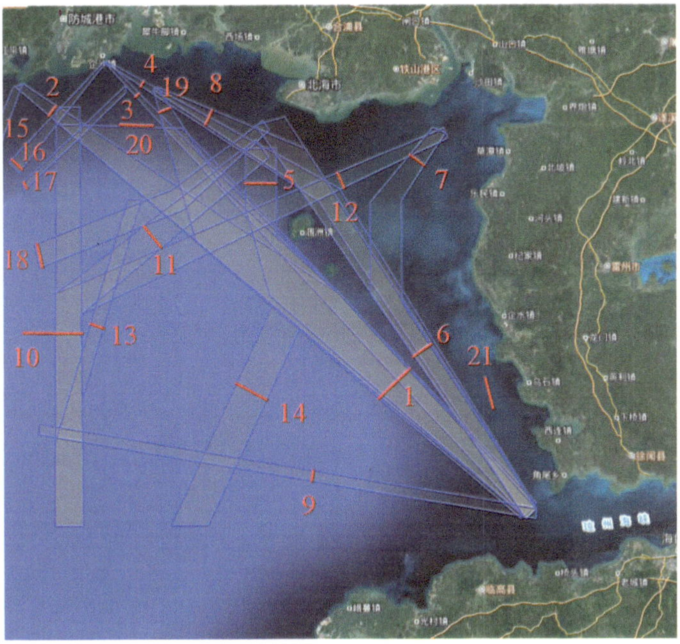

图 3.1-2　广西北部湾沿海船舶交通流门线设置示意图

3.2　交通流统计结果及分析

3.2.1　交通流统计结果

为直观体现广西北部湾沿海船舶交通流详细信息，分别统计了门线 1～门线 21 处 2019 年和 2020 年的船舶种类分布、船舶航迹图、船舶速度分布、船舶长度分布、船旗国、船舶航向雷达图等多项信息，如图 3.2-1～图 3.2-21 所示。

(a) 2019 年

(b) 2020 年

图 3.2-1 门线 1 交通流统计图

(a) 2019 年

(b) 2020 年

图 3.2-2　门线 2 交通流统计图

(a) 2019 年

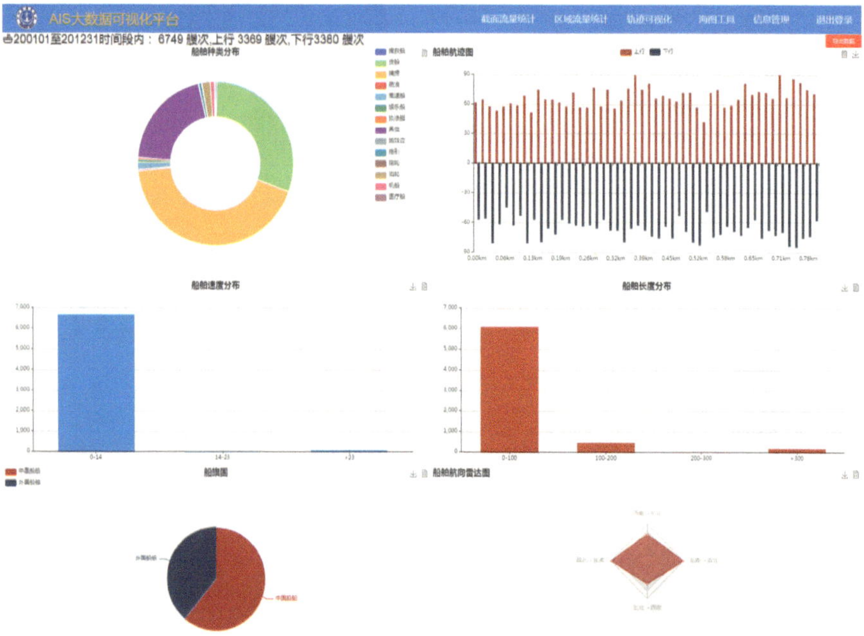

(b) 2020 年

图 3.2-3　门线 3 交通流统计图

(a) 2019 年

(b) 2020 年

图 3.2-4　门线 4 交通流统计图

(a) 2019 年

(b) 2020 年

图 3.2-5　门线 5 交通流统计图

(a) 2019 年

(b) 2020 年

图 3.2-6　门线 6 交通流统计图

(a) 2019 年

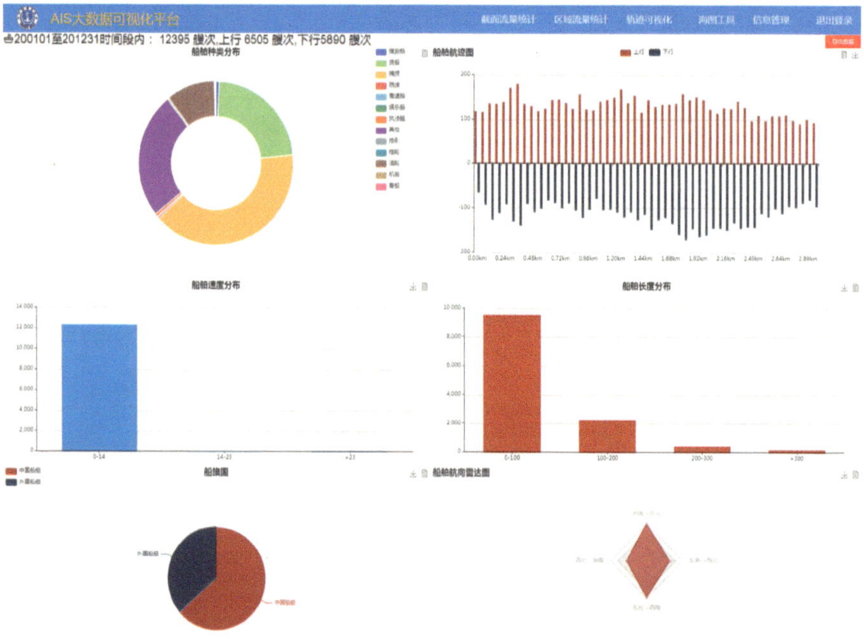

(b) 2020 年

图 3.2-7　门线 7 交通流统计图

(a) 2019 年

(b) 2020 年

图 3.2-8　门线 8 交通流统计图

(a) 2019 年

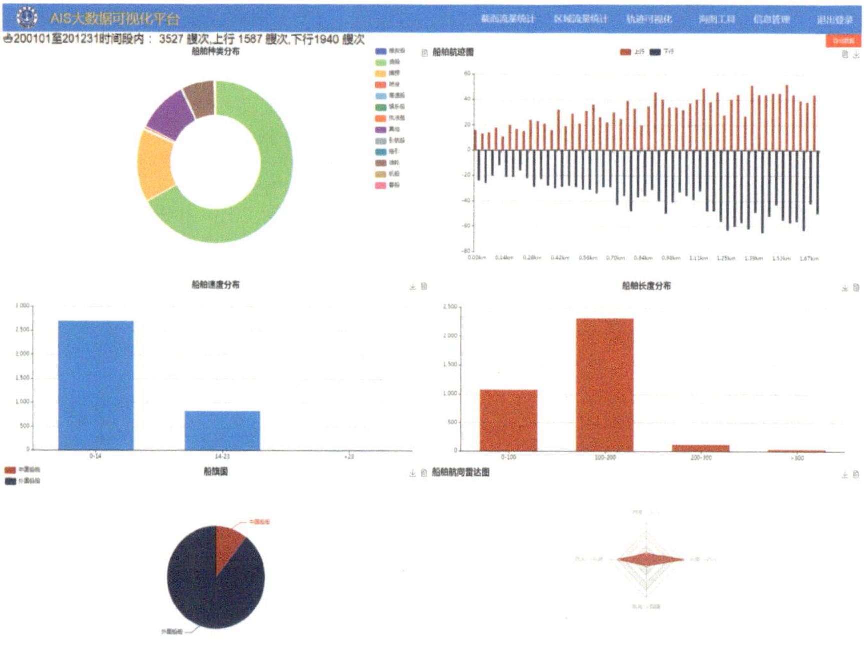

(b) 2020 年

图 3.2-9　门线 9 交通流统计图

(a) 2019 年

(b) 2020 年

图 3.2-10　门线 10 交通流统计图

(a) 2019 年

(b) 2020 年

图 3.2-11　门线 11 交通流统计图

(a) 2019 年

(b) 2020 年

图 3.2-12　门线 12 交通流统计图

(a) 2019 年

(b) 2020 年

图 3.2-13　门线 13 交通流统计图

（a）2019 年

（b）2020 年

图 3.2-14　门线 14 交通流统计图

(a) 2019 年

(b) 2020 年

图 3.2-15　门线 15 交通流统计图

(a) 2019 年

(b) 2020 年

图 3.2-16　门线 16 交通流统计图

(a) 2019 年

(b) 2020 年

图 3.2-17　门线 17 交通流统计图

(a) 2019 年

(b) 2020 年

图 3.2-18　门线 18 交通流统计图

(a) 2019 年

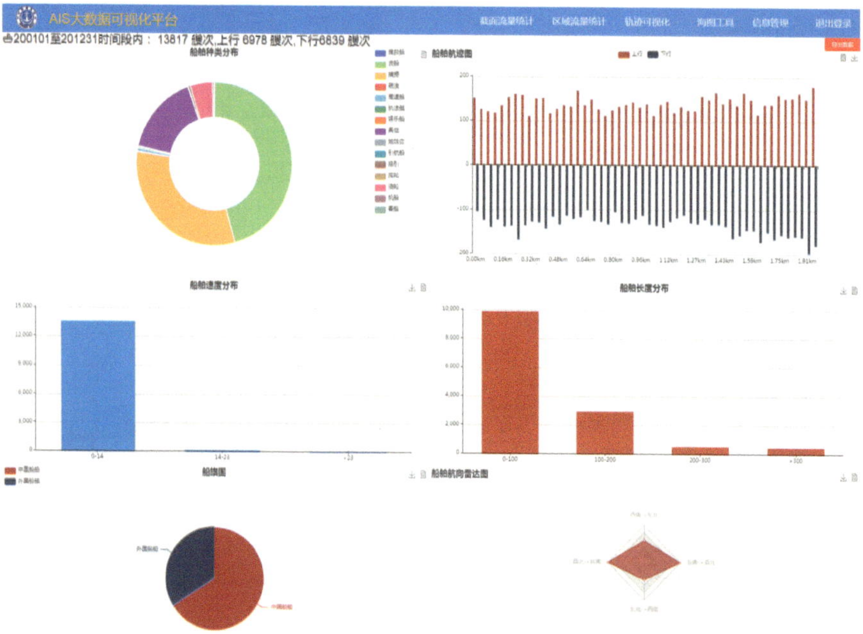

(b) 2020 年

图 3.2-19　门线 19 交通流统计图

(a) 2019 年

(b) 2020 年

图 3.2-20　门线 20 交通流统计图

(a) 2019 年

(b) 2020 年

图 3.2-21　门线 21 交通流统计图

针对广西北部湾海域不同船长的统计结果，将船长分为 100 m 以下、100～200 m 以及 200～300 m 三类，并绘制了 2019 年与 2020 年不同船长的轨迹示意图，如图 3.2-22～图 3.2-24 所示。

(a) 2019 年

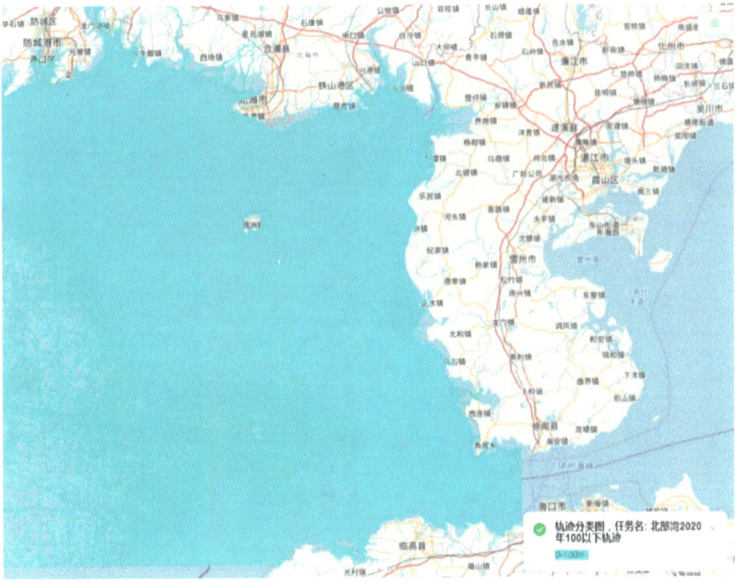

(b) 2020 年

图 3.2-22　广西北部湾沿海船长 100 m 以下轨迹示意图

(a) 2019 年

(b) 2020 年

图 3.2-23　广西北部湾沿海船长 100～200 m 轨迹示意图

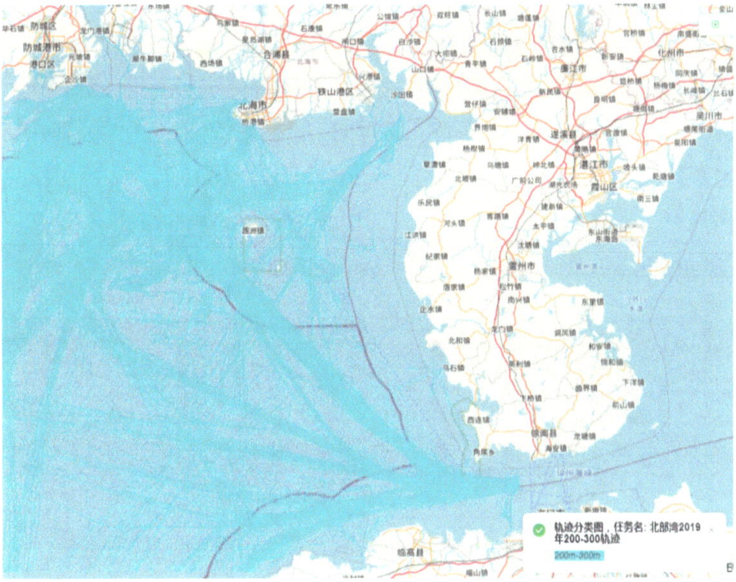

(a) 2019 年

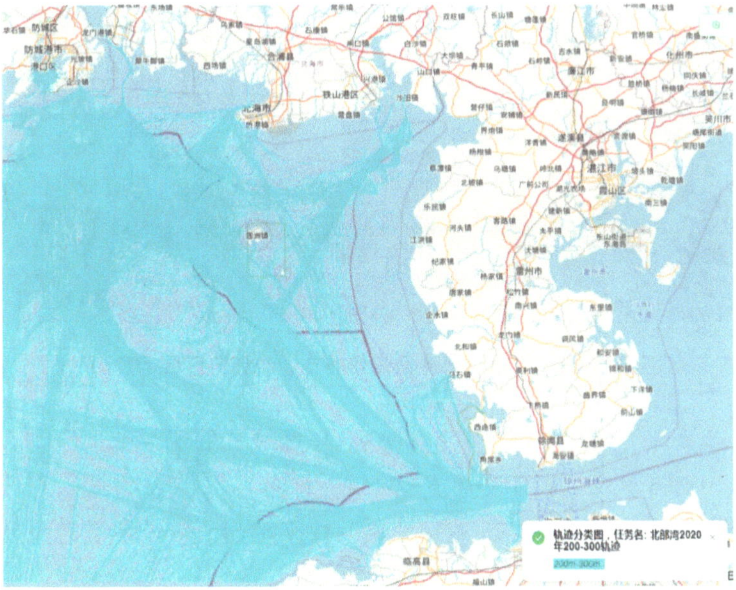

(b) 2020 年

图 3. 2-24　广西北部湾沿海船长 200～300 m 轨迹示意图

3.2.2 交通流统计分析

(1) 广西北部湾沿海船舶交通量

通过对所设置的 21 个门线的位置分布与交通流进行统计分析，重点分析往来东南亚各国（南北向）和琼州海峡（东西向）的船舶交通流总量，其中区域一为驶来/驶向东南亚各国船舶总量，为门线 10、11、13、14、15、16、17、18；区域二为往来琼州海峡船舶总量，为门线 1、6、9。区域划分示意图如图 3.2-25 所示，各区域交通总量如表 3.2-1 所示。

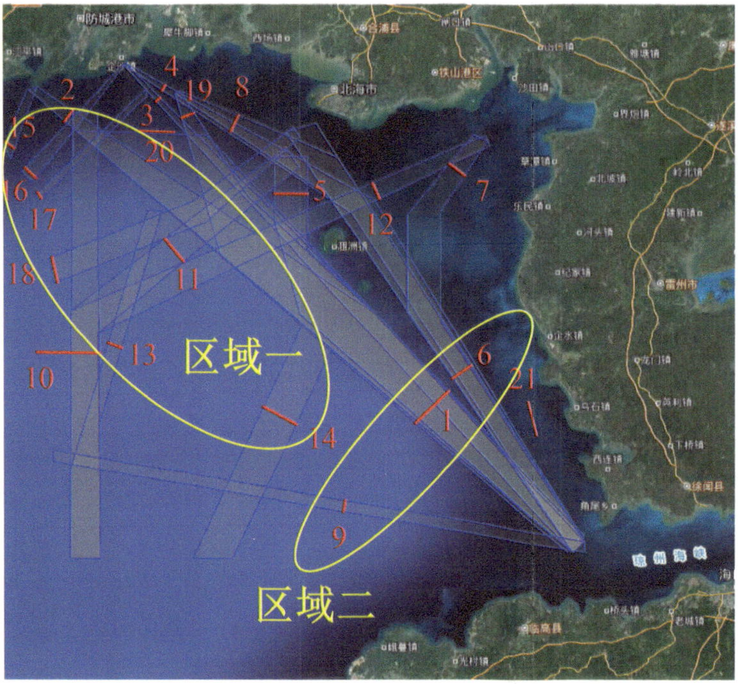

图 3.2-25　广西北部湾沿海船舶交通流划分区域示意图

由表 3.2-1 分析可得，2019 年和 2020 年区域二的船舶交通流均大于区域一，其中，2019 年区域二船舶交通流较区域一增多 9 211 艘次，2020 年区域二船舶交通流较区域一增多 18 755 艘次。说明往来琼州海峡的船舶总量要大于往来东南亚各国的船舶总量。

同时可以得知，2020 年相比于 2019 年，往来东南亚各国的船舶总量有所减少，减少 8.42%；而往来琼州海峡的船舶总量有大幅增加，增加 15.16%。

整体船舶交通流情况，2020 年船舶交通流总量相比于 2019 年有所增加，增加 4.75%。

表 3.2-1　广西北部湾沿海不同区域交通量统计　单位:艘次

年份	区域一	区域二	交通流总量
2019	34 563	43 774	78 337
2020	31 653	50 408	82 061

(2) 区域交通量与交通密度

根据交通流统计情况,分别统计了 2019 年和 2020 年各门线上下行船舶的交通量,并根据门线的长度,计算出各门线处的平均通航密度,根据此指标来表征门线宽度上的通航拥挤程度。2019 年和 2020 年各门线上下行交通量及通航密度如表 3.2-2 和表 3.2-3 所示。

由表 3.2-2 和表 3.2-3 可知,各门线上下行的船舶数量基本一致,各占总交通量的 50%左右。

通航密度方面,门线 4 的平均通航密度最大,2019 年为 19 198.42 艘次/(n mile · a),2020 年为 18 038.48 艘次/(n mile · a);而门线 10 的平均通航密度最小,2019 年为 606.57 艘次/(n mile · a),2020 年为 495.68 艘次/(n mile · a)。2019 年和 2020 年,均有 6 处门线的平均通航密度超过了 10 000 艘次/(n mile · a),分别为门线 3、4、5、8、12、19。

表 3.2-2　2019 年各门线上下行交通量及通航密度

门线	交通量(艘次)			长度(n mile)	平均通航密度[艘次/(n mile · a)]
	上行	下行	总量		
1	11 906	12 415	24 321	3.84	6 335.09
2	4 546	4 361	8 907	1.11	8 046.71
3	3 100	2 934	6 034	0.43	14 145.53
4	4 892	4 956	9 848	0.51	19 198.42
5	21 435	20 612	42 047	2.73	15 389.53
6	8 006	7 633	15 639	1.89	8 275.27
7	6 970	6 515	13 485	1.59	8 465.84
8	8 586	8 440	17 026	1.43	11 944.00
9	1 758	2 056	3 814	0.92	4 130.72
10	1 637	1 481	3 118	5.14	606.57

续表

门线	交通量(艘次)			长度 (n mile)	平均通航密度 [艘次/(n mile·a)]
	上行	下行	总量		
11	3 557	3 349	6 906	2.42	2 848.53
12	7 614	7 234	14 848	1.46	10 147.05
13	796	665	1 461	1.19	1 224.33
14	7 460	7 263	14 723	3.05	4 834.57
15	385	364	749	0.90	830.63
16	2 092	2 062	4 154	1.23	3 374.21
17	1 037	957	1 994	0.59	3 387.97
18	779	679	1 458	2.16	675.05
19	6 564	6 582	13 146	1.05	12 485.33
20	11 174	10 172	21 346	2.72	7 843.81
21	12 210	11 327	23 537	3.21	7 326.14

表 3.2-3　2020 年各门线上下行交通量及通航密度

门线	交通量(艘次)			长度 (n mile)	平均通航密度 [艘次/(n mile·a)]
	上行	下行	总量		
1	14 443	15 132	29 575	3.84	7 703.64
2	2 890	2 771	5 661	1.11	5 114.23
3	3 369	3 380	6 749	0.43	15 821.71
4	4 631	4 622	9 253	0.51	18 038.48
5	19 918	18 234	38 152	2.73	13 963.93
6	8 794	8 512	17 306	1.89	9 157.35
7	6 505	5 890	12 395	1.59	7 781.54
8	7 435	6 995	14 430	1.43	10 122.86
9	1 587	1 940	3 527	0.92	3 819.89
10	1 332	1 216	2 548	5.14	495.68
11	4 767	4 431	9 198	2.42	3 793.92
12	7 805	7 526	15 331	1.46	10 477.13
13	765	638	1 403	1.19	1 175.73

续表

门线	交通量(艘次)			长度(n mile)	平均通航密度[艘次/(n mile·a)]
	上行	下行	总量		
14	6 649	6 338	12 987	3.05	4 264.53
15	437	372	809	0.90	897.17
16	1 389	1 327	2 725	1.23	2 213.46
17	428	417	845	0.59	1 435.72
18	645	493	1 138	2.16	526.89
19	6 978	6 839	13 817	1.05	13 122.61
20	12 593	11 744	24 337	2.72	8 942.88
21	16 186	14 525	30 711	3.21	9 559.12

(3) 船舶种类分布

为更好地区别不同种类船舶对通航规律统计特征的影响,统计了 2019 年和 2020 年通过各门线的船舶种类,包括:货船、捕捞船、油船、搜救船、疏浚船、高速船、执法艇、娱乐船、拖轮、帆船、客船、引航船、医疗船等。由于货船、捕捞船、油船在所有类型船舶中所占的比重相对较大,因此重点计算了这三种类型的船舶数量占比,2019 年和 2020 年广西北部湾沿海不同船型数量占比如表 3.2-4 和表 3.2-5 所示。

由表 3.2-4 和表 3.2-5 分析可得,各门线处通过的货船、捕捞船与油船总量,基本占总船舶数量的 50%以上,部分门线处可高达 80%以上。不同门线处货船与捕捞船的占比有所不同,在数量上有所差距。2019 年,货船数量占比在门线 9、13 处远大于捕捞船数量占比;捕捞船数量占比在门线 2、5、12、14、15、16、17、21 处远大于货船数量占比。2020 年,货船数量占比在门线 9、10、13、18 处远大于捕捞船数量占比;捕捞船数量占比在门线 3、5、7、11、12、14、15、16、17、21 处远大于货船数量占比。其他门线处货船与捕捞船的数量占比相差较小或基本一致。

表 3.2-4 2019 年广西北部湾沿海不同船型数量占比

门线	货船	捕捞船	油船	其他
1	33.91%	18.14%	8.31%	39.64%
2	20.95%	31.59%	1.26%	46.20%
3	31.12%	35.75%	3.22%	29.91%

续表

门线	货船	捕捞船	油船	其他
4	41.90%	29.53%	2.84%	25.73%
5	14.23%	42.62%	1.29%	41.86%
6	24.82%	24.14%	2.35%	48.70%
7	24.95%	34.05%	7.47%	33.53%
8	30.91%	38.69%	0.83%	29.57%
9	51.81%	14.97%	6.55%	26.66%
10	36.85%	34.73%	8.63%	19.79%
11	26.31%	40.39%	3.40%	29.90%
12	10.82%	54.91%	0.38%	33.89%
13	48.25%	21.83%	6.30%	23.61%
14	11.72%	43.22%	0.62%	44.44%
15	3.07%	63.15%	0.13%	33.64%
16	9.61%	66.92%	1.23%	22.24%
17	15.25%	64.84%	1.76%	18.15%
18	35.19%	42.52%	4.12%	18.18%
19	41.27%	27.70%	7.26%	23.77%
20	29.80%	35.43%	4.70%	30.07%
21	6.28%	21.86%	0.82%	71.04%

表 3.2-5　2020 年广西北部湾沿海不同船型数量占比

门线	货船	捕捞船	油船	其他
1	33.49%	25.24%	6.68%	34.58%
2	25.08%	37.41%	1.18%	36.32%
3	30.35%	42.88%	1.70%	25.07%
4	42.98%	30.66%	2.81%	23.55%
5	12.04%	53.32%	0.88%	33.76%
6	19.32%	28.45%	2.18%	50.05%
7	22.61%	39.81%	10.03%	27.56%
8	34.40%	38.22%	1.13%	26.25%
9	67.00%	14.49%	6.72%	11.79%
10	48.86%	23.47%	9.34%	18.33%

续表

门线	货船	捕捞船	油船	其他
11	17.74%	45.27%	2.02%	34.96%
12	16.37%	42.51%	0.35%	40.77%
13	54.88%	17.75%	13.11%	14.26%
14	19.08%	40.64%	2.41%	37.87%
15	9.15%	75.77%	0.10%	14.98%
16	6.72%	59.30%	1.47%	32.51%
17	14.56%	57.51%	4.02%	23.91%
18	62.39%	19.86%	5.62%	12.13%
19	45.56%	31.55%	4.58%	18.31%
20	29.42%	39.22%	3.19%	28.17%
21	3.95%	26.01%	0.22%	69.82%

(4) 船长分布

不同等级的船舶，其船长尺度往往存在一定的差异，为探明不同等级船舶在广西北部湾沿海航路的分布情况，通过识别船舶 AIS 信息，将船舶的船长尺度划分为 100 m 以下、100～200 m、200～300 m 和 300 m 以上四个等级。进而计算得出 2019 年和 2020 年不同等级船舶数量在各门线处的占比，如表 3.2-6 和表 3.2-7 所示。

由表 3.2-6 和表 3.2-7 分析可得，在 2019 年，除门线 9 外，其他门线处 100 m 以下船舶数量占船舶总量的 50%以上，最高占比可达 93.47%，出现在门线 21 处；100～200 m 的船舶数量占比在门线 9 处最高；200～300 m 的船舶数量占比在门线 1、7、9、10、13、16、17、18、20 处大于 300 m 以上的船舶数量占比。

在 2020 年，除门线 9、10、13、18 外，其他门线处 100 m 以下船舶数量占船舶总量的 50%以上，最高占比可达 94.43%，出现在门线 21 处；100～200 m 的船舶数量占比在门线 9 和 13 处较高，分别为 65.21%和 43.83%；200～300 m 的船舶数量占比在门线 1、7、9、10、13、15、16、18、19、20 处大于 300 m 以上的船舶数量占比，其中门线 18 处在船舶数量中占比最大，为 38.66%。

同时结合图 3.2-22～图 3.2-24 所示的 2019 年和 2020 年广西北部湾沿海不同船长船舶轨迹图分析可知，轨迹图与所分析的不同船长船舶数量占比情况基本一致，100 m 以下船舶在整个北部湾海域均有繁忙的航行轨迹，且在沿岸处航行轨迹尤为密集，离岸线较远处相对较稀疏，这些多数为小型渔船及工程船舶。100～200 m 船舶在北部湾海域出现较为规律的航线，近岸与远岸处均有密集的航行轨迹，且近岸处比 100 m 以下船舶稀疏，但远岸处较为密集。200～300 m 船舶航行轨迹具有显著的航行规律，往返于沿岸各港口之间。300 m 以上船舶数量相对较少，故航迹较为稀疏，主要为进出钦州港与防城港船舶，受船舶吃水的影响难以靠岸，在近岸抛锚时会出现较为杂乱的航迹。

表 3.2-6　2019 年广西北部湾沿海船舶长度占比

门线	100 m 以下	100～200 m	200～300 m	300 m 以上
1	74.01%	18.50%	4.93%	2.55%
2	84.20%	6.74%	1.20%	7.86%
3	82.86%	11.60%	2.22%	3.31%
4	88.34%	8.12%	1.00%	2.54%
5	88.00%	7.13%	1.30%	3.57%
6	86.32%	10.87%	0.25%	2.56%
7	77.86%	20.02%	1.48%	0.63%
8	82.23%	12.92%	0.74%	4.11%
9	45.88%	51.13%	2.36%	0.63%
10	60.30%	19.24%	17.64%	2.82%
11	81.09%	8.69%	4.43%	5.79%
12	87.55%	10.78%	0.32%	1.35%
13	52.70%	26.69%	17.80%	2.81%
14	91.69%	5.43%	0.84%	2.04%
15	90.79%	6.68%	0.53%	2.00%
16	84.26%	9.63%	4.81%	1.30%
17	82.75%	10.03%	5.02%	2.21%
18	61.73%	18.52%	15.78%	3.98%
19	69.98%	19.02%	5.32%	5.67%
20	77.30%	14.10%	4.68%	3.92%
21	93.47%	2.55%	1.01%	2.97%

表 3.2-7　2020 年广西北部湾沿海船舶长度占比

门线	100 m 以下	100～200 m	200～300 m	300 m 以上
1	74.39%	20.29%	5.07%	0.25%
2	88.50%	5.30%	2.67%	3.53%
3	90.38%	6.67%	1.17%	1.78%
4	85.92%	9.73%	0.57%	3.78%
5	89.12%	6.03%	1.71%	3.15%
6	92.45%	4.62%	1.19%	1.73%
7	77.45%	17.75%	3.23%	2.42%
8	82.47%	11.09%	0.90%	5.54%
9	31.19%	65.21%	2.84%	0.77%
10	49.06%	26.69%	19.62%	4.63%
11	87.08%	7.61%	1.09%	4.22%
12	84.80%	9.13%	0.85%	5.22%
13	40.63%	43.83%	14.26%	1.28%
14	91.63%	4.62%	0.67%	3.08%
15	87.76%	9.89%	1.85%	0.49%
16	88.07%	7.34%	3.30%	1.28%
17	80.47%	11.83%	2.37%	5.33%
18	36.03%	18.45%	38.66%	6.85%
19	71.65%	21.71%	3.62%	3.02%
20	84.23%	10.27%	2.88%	2.62%
21	94.43%	3.26%	0.69%	1.63%

3.3　船舶交通流轨迹线聚合分析

船舶历史轨迹是船舶习惯航法和习惯航路的具体体现，为分析船舶习惯航路的具体布局，分船型对船舶历史轨迹进行聚合。LNG 船、沥青运输船、散货船、巴拿马型船及成品油船的船舶轨迹线聚合示意图见图 3.3-1～图 3.3-5。

图 3.3-1　LNG 船舶轨迹线聚合

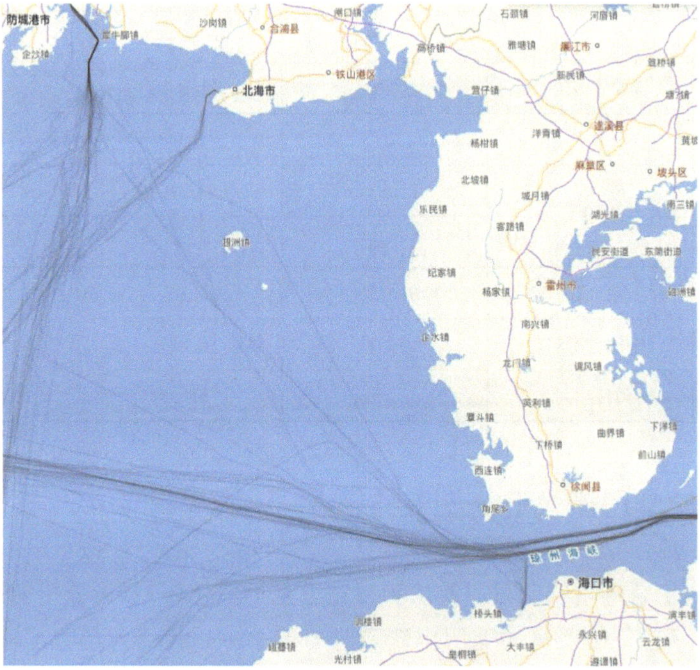

图 3.3-2　沥青运输船舶轨迹线聚合

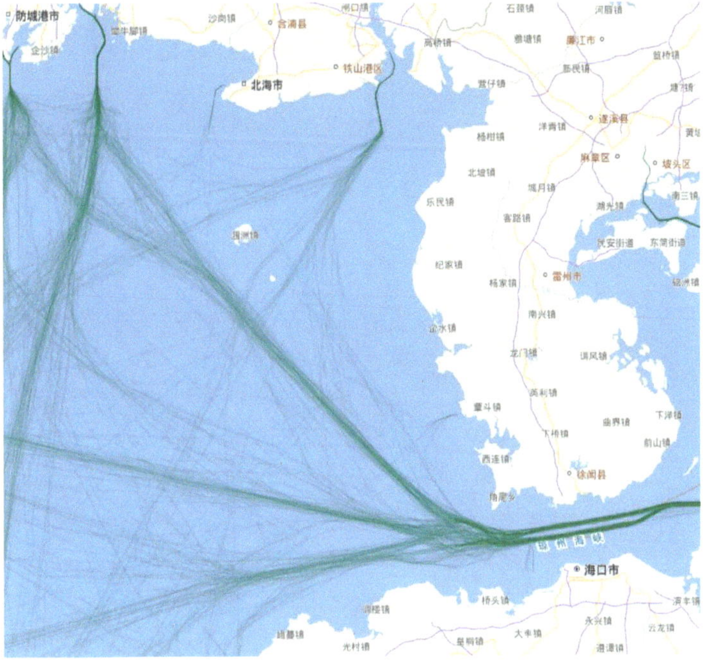

图 3.3-3　散货船轨迹线聚合

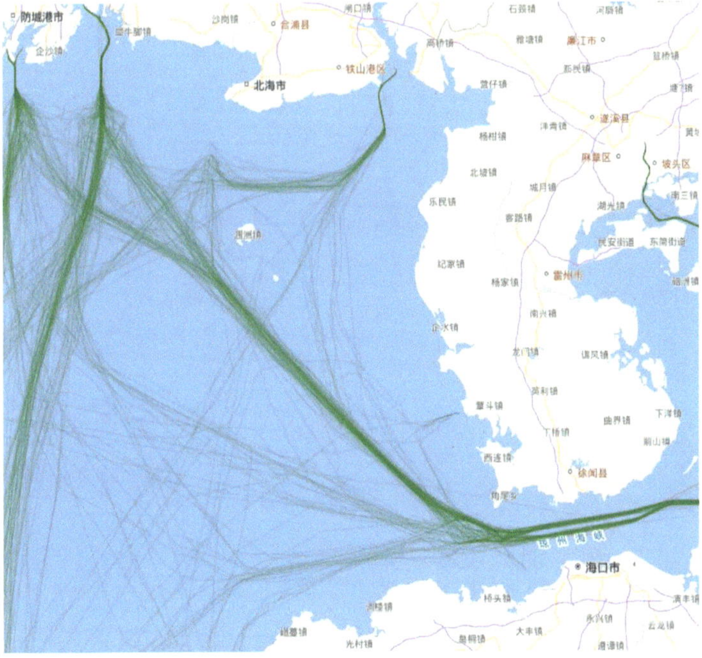

图 3.3-4　巴拿马型船轨迹线聚合

图 3.3-5　成品油船轨迹线聚合

第4章

港口吞吐量和船型发展预测

4.1　港口经济腹地

根据腹地划分的原则、方法及对港口货物流量流向的分析可知，广西北部湾港腹地范围主要包括广西、云南、贵州、四川、重庆、湖南、湖北等省区，覆盖我国西南、中南等地区，并辐射东盟各国。

4.2　港口吞吐量发展水平预测

在多种预测方法基础上，考虑广西沿海临港工业的大发展将形成吞吐量突变，以及西部大开发、西部陆海新通道、国际门户港对广西港口的需求，参考北部湾港总体规划的研究成果，并调研了广西沿海各港口及海南洋浦港，经过综合分析，预测广西北部湾港货物吞吐量 2025 年为 5 亿 t，集装箱吞吐量为 1 000 万 TEU，2035 年货物吞吐量为 10 亿 t，集装箱吞吐量为 2 500 万 TEU。

（1）煤炭

广西北部湾港煤炭吞吐量由三部分组成，一是贵州六盘水煤炭经铁路运到防城港，再经海运运往日本，少量运往国内上海、海南等地；

二是国外煤炭从加拿大、澳大利亚运抵广西，国内北方煤炭经秦皇岛、青岛运达防城港、钦州及北海电厂；

三是越南鸿基煤炭用小船运到广西沿海，大部分供广西使用，少部分转运海南和广东沿海。预测 2025 年和 2035 年广西北部湾港煤炭吞吐量分别为 10 400 万 t 和 15 300 万 t。

（2）石油、天然气及制品

根据广西沿海临港石化产业发展规划及园区建设情况，预测 2025 年和 2035 年广西北部湾港石油及制品吞吐量将分别达到 3 700 万 t 和 10 600 万 t，其中原油吞吐量分别为 1 500 万 t 和 4 600 万 t。

（3）金属矿石

根据《“十四五”原材料工业发展规划》，“十四五”期间中国钢铁产业将进一步高质量发展。受此影响，广西北部湾港铁矿石吞吐量将快速增长，预测 2025 年和 2035 年金属矿石吞吐量将分别达到 13 200 万 t 和 22 900 万 t。

（4）非金属矿石

我国西南地区非金属矿石资源丰富，每年均有大量调出。预测 2025 年和 2035 年广西北部湾港非金属矿石吞吐量将分别达到 1 800 万 t 和 2 750 万 t。

(5) 粮食

广西是结构性缺粮省区，需要从区外、国外购入大量的粮食。预测 2025 年和 2035 年广西北部湾港粮食吞吐量将分别达到 3 100 万 t 和 3 950 万 t。

(6) 化工原料及其制品

根据广西北部湾经济区发展规划及广西石油化工产业中长期发展规划，预测 2025 年和 2035 年广西北部湾港化工原料及其制品吞吐量将分别达到 2 710 万 t 和 6 650 万 t。

(7) 集装箱

近年来腹地各省市经济及对外贸易实现了稳定增长，并且在对外贸易方面东盟市场的份额逐年上升。对腹地集装箱量和中转集装箱量进行分析，预测 2025 年和 2035 年广西北部湾港集装箱吞吐量将分别达到 1 000 万 TEU 和 2 500 万 TEU。

(8) 旅客吞吐量

随着广西及周边区域经济社会的快速发展，对滨海休闲旅游度假的需求将持续增长，考虑中国—东盟自由贸易区、海南自由贸易港对港口旅游客运的积极影响，特别是中国—东盟海上旅游线路对接、国际邮轮航线的丰富，未来广西北部湾港的客运量主要为短途陆岛客运、短途观光客运、长途旅游客运，预测 2025 年和 2035 年旅客吞吐量分别为 740 万人次和 1 000 万人次。

广西北部湾港吞吐量预测详见表 4.2-1～表 4.2-3。

结合西部陆海新通道国家战略的推进，参考调研的港口企业发展需求，预测各主要货源方向的货物吞吐量如表 4.2-4 所示。

4.3 船型发展预测

根据广西北部湾港的建设条件及主要货种的流量、流向和国际海运船舶的发展趋势，未来港口主要货类运输组成及到港船型预测如下。

(1) 煤炭

进港煤炭由北方煤炭装船港以 6 万～8 万吨级巴拿马型散货船运输为主，部分为 10 万吨级散货船和 3 万～5 万吨级灵便型散货船；进口外贸煤炭以 15 万～30 万吨级散货船为主；出口煤炭将以 6 万～8 万吨级巴拿马型散货船为主；越南进口的边贸煤炭仍以千吨级左右的小船运输。

表 4.2-1　北部湾港防城港港域分货类吞吐量预测表

货物分类	2025 年				2035 年			
	总计		进口		总计		进口	
	合计	外贸	合计	外贸	合计	外贸	合计	外贸
总计(1 至 18 累加)	19 000	12 500	16 000	11 900	36 000	18 000	23 000	17 250
1. 煤炭及制品(万 t)	4 100	1 600	4 000	1 600	4 600	1 300	4 400	1 300
2. 石油、天然气及制品(万 t)	400	100	400	100	300	0	300	0
#原油(万 t)	0	0	0	0	0	0	0	0
3. 金属矿石(万 t)	9 400	9 100	9 200	9 100	16 800	14 600	14 600	14 600
#铁矿石(万 t)	7 700	7 400	7 500	7 400	12 300	11 000	11 000	11 000
4. 钢铁(万 t)	1 200	100	300	100	3 400	200	600	0
5. 矿物性建筑材料(万 t)	200	0	100	0	5 400	0	0	0
6. 水泥(万 t)	100	0	100	0	0	0	0	0
7. 木材(万 t)	0	0	0	0	0	0	0	0
8. 非金属矿石(万 t)	300	200	200	200	600	200	400	200
9. 化学肥料及农药(万 t)	600	400	100	0	600	300	0	0
10. 盐(万 t)	0	0	0	0	0	0	0	0
11. 粮食(万 t)	900	500	700	500	900	600	800	600
12. 机械、设备、电器(万 t)	0	0	0	0	0	0	0	0

续表

货物分类	2025 年				2035 年			
	总计		进口		总计		进口	
	合计	外贸	合计	外贸	合计	外贸	合计	外贸
13. 化工原料及制品(万 t)	600	100	300	100	900	250	650	200
14. 有色金属(万 t)	50	0	0	0	200	0	0	0
15. 轻工、医药产品(万 t)	100	0	50	0	220	0	120	0
16. 农、林、牧、渔业产品(万 t)	300	100	200	100	420	150	300	150
17. 其他(万 t)	510	220	230	60	1 060	200	530	100
18. 集装箱重量(万 t)	240	80	120	40	600	200	300	100
集装箱箱量(万 TEU)	120	40	60	20	300	100	150	50
19. 客运(万人)	20	0	10	0	50	0	25	0

表 4.2-2　北部湾港钦州港域分货类吞吐量预测表

货物分类	2025 年				2035 年			
	总计		进口		总计		进口	
	合计	外贸	合计	外贸	合计	外贸	合计	外贸
总计(1 至 18 累加)	21 000	7 500	13 300	5 800	39 000	13 500	23 100	10 150
1. 煤炭及制品(万 t)	3 900	700	3 500	700	6 900	900	4 900	900
2. 石油、天然气及制品(万 t)	2 100	1 600	1 500	1 400	5 100	3 100	3 700	2 900
＃原油(万 t)	1 200	1 200	1 200	1 200	2 200	2 200	2 200	2 200

续表

货物分类	2025 年				2035 年			
	总计		进口		总计		进口	
	合计	外贸	合计	外贸	合计	外贸	合计	外贸
3. 金属矿石(万 t)	1 900	1 700	1 600	1 600	2 700	2 000	2 200	1 900
＃铁矿石(万 t)	0	0	0	0	0	0	0	0
4. 钢铁(万 t)	1 100	100	700	100	1 450	200	900	100
5. 矿物性建筑材料(万 t)	1 200	100	400	0	2 200	100	800	0
6. 水泥(万 t)	300	0	100	0	1 100	0	500	0
7. 木材(万 t)	800	400	400	400	900	350	500	300
8. 非金属矿石(万 t)	1 000	200	400	100	1 250	200	450	100
9. 化学肥料及农药(万 t)	400	100	200	0	400	100	200	0
10. 盐(万 t)	100	0	100	0	200	0	200	0
11. 粮食(万 t)	1 800	800	1 400	800	2 400	1 300	1 800	1 300
12. 机械、设备、电器(万 t)	200	0	100	0	400	200	200	100
13. 化工原料及制品(万 t)	1 610	500	800	200	4 000	1 380	2 100	680
14. 有色金属(万 t)	200	50	100	0	300	50	100	0
15. 轻工、医药产品(万 t)	1 200	300	500	100	1 520	680	720	400
16. 农、林、牧、渔业产品(万 t)	700	200	300	100	1 200	200	500	100
17. 其他(万 t)	970	350	440	100	2 900	1 040	1 290	520

续表

货物分类	2025 年				2035 年			
	总计		进口		总计		进口	
	合计	外贸	合计	外贸	合计	外贸	合计	外贸
18. 集装箱重量(万 t)	1 520	400	760	200	3 680	1 600	1 840	800
集装箱箱量(万 TEU)	760	200	380	100	1 840	800	920	400
19. 客运(万人)	20	0	10	0	50	0	25	0

表 4.2-3　北部湾港北海港域分货类吞吐量预测表

货物分类	2025 年				2035 年			
	总计		进口		总计		进口	
	合计	外贸	合计	外贸	合计	外贸	合计	外贸
总计(1 至 18 累加)	10 000	4 000	7 200	3 700	25 000	12 500	13 400	11 000
1. 煤炭及制品(万 t)	2 400	400	2 300	400	3 800	800	3 700	800
2. 石油、天然气及制品(万 t)	1 200	600	700	600	5 200	3 800	4 100	3 800
#原油(万 t)	300	0	0	0	2 400	1 800	2 000	1 800
3. 金属矿石(万 t)	1 900	1 800	1 900	1 800	3 400	3 400	3 400	3 400
#铁矿石(万 t)	500	0	500	400	800	800	300	800
4. 钢铁(万 t)	300	0	100	0	1 300	0	600	0
5. 矿物性建筑材料(万 t)	300	0	100	0	1 100	0	600	0

续表

货物分类	2025 年				2035 年			
	总计		进口		总计		进口	
	合计	外贸	合计	外贸	合计	外贸	合计	外贸
6. 水泥(万 t)	100	0	0	0	200	50	100	50
7. 木材(万 t)	0	0	0	0	1 600	1 300	1 600	1 300
8. 非金属矿石(万 t)	500	50	200	50	900	200	400	0
9. 化学肥料及农药(万 t)	300	50	100	50	400	160	100	0
10. 盐(万 t)	0	0	0	0	100	0	100	0
11. 粮食(万 t)	400	300	400	300	650	300	500	300
12. 机械、设备、电器(万 t)	100	0	50	0	400	0	200	0
13. 化工原料及制品(万 t)	600	200	300	150	1 650	760	750	385
14. 有色金属(万 t)	50	0	50	0	100	0	100	0
15. 轻工、医药产品(万 t)	800	300	400	200	1 600	800	850	500
16. 农、林、牧、渔业产品(万 t)	200	0	100	0	400	210	200	110
17. 其他(万 t)	610	220	280	110	1 480	520	740	255
18. 集装箱重量(万 t)	240	80	120	40	720	200	360	100
集装箱箱量(万 TEU)	120	40	60	20	360	100	180	50
19. 客运(万人)	700	40	350	20	900	100	450	50

表 4.2-4　各主要货源方向货物吞吐量　单位:万 t

规划年	货源流向			
	琼州海峡方向	东南亚方向	越南方向	海南洋浦港方向
2025 年	25 000	20 000	4 000	1 000
2035 年	54 000	38 000	6 000	2 000

(2) 石油及制品

原油主要从非洲、中东进口,除苏丹航线采用 10 万吨级油船外,其余航线将以 20 万吨级以上的超大型油船为主;海洋石油以 6 万吨级巴拿马型油船运输为主。成品油运输以 1 万~5 万吨级船舶为主。

中远洋航线 LPG 船,近期以 3 万总吨船舶为主,随着货运量的增加,主流船型将发展至 5 万总吨;近洋航线 LPG 船以 5 000~10 000 总吨船舶为主。LNG 船将以 8 万~15 万总吨为主。

液体化学品的运输船型以 3 000~50 000 吨级的化学品船为主,最大可达 10 万吨级,主要运输到沿海地区和日韩、东南亚地区。

(3) 铁矿石

外贸进口铁矿石主要来自澳大利亚、印度、巴西等国家,主要采用 10 万~18 万吨级好望角型散货船和 20 万吨级以上的超大型散货船运输,部分航线采用 6 万~8 万吨级巴拿马型散货船运输;随着进港航道不断浚深,到港好望角型船舶的比重将增加。

(4) 集装箱

目前,内贸集装箱运输到港船型以 3 万~7 万吨级为主,最大船型为 10 万吨级;近洋集装箱运输到港船型以 1 万~5 万吨级船为主。随着集装箱干线运输的发展,未来远洋航线到港船型将以 10 万~20 万吨级为主。用于集装箱调度的穿梭巴士仍将以万吨级以下集装箱船为主。平陆运河集装箱运输船型主要为 3 000~5 000 吨级江海轮。

(5) 其他干散货(非金属矿石、粮食)

广西北部湾港进出口的非金属矿石船型将以 6 万~8 万吨级巴拿马型散货船和 10 万吨级散货船为主,部分为 3 万~5 万吨级大灵便型散货船,其中进口主要来自澳大利亚、加拿大,出口主要到日本、韩国等国。

广西北部湾港进口粮食来自美国、巴西、阿根廷等国,运输船型主要为 6 万~8 万吨级巴拿马型散货船,部分为 15 万吨级散货船。内贸粮食运输船型以 1 万~5 万吨级散货船为主。平陆运河粮食运输船型主要为 3 000~5 000 吨级江海轮。

(6) 件杂货

件杂货运输内贸航线主要为广西及西南地区经济发展服务，外贸航线则以为东南亚地区服务为主，运输船型以 3 万吨级以下船舶为主。

(7) 客运

国内客运主要为陆岛运输、旅游客运，运输船舶中 3 000 总吨左右的常规客船、高速客船和车客渡船都占有一定份额。随着广西沿海经济的快速发展，广西北部湾港有望成为国际邮轮港口，将大量靠泊航行国际航线的大型豪华邮轮，其中北海—越南下龙湾国际航线恢复后，船型为 1 万总吨左右的豪华邮轮，其他远洋航线将以 22.5 万总吨以下的大型邮轮为主。

(8) 汽车滚装船

内贸汽车滚装航线主要是至大连、天津、上海，船型以 5 000～20 000 总吨汽车滚装船为主；外贸汽车滚装航线主要是至日本、德国，运输船型以 3 万～7 万总吨汽车滚装船为主。

各主要货源方向主力船型吨位分布预测见表 4.3-1。

规划预测到港代表船型及主尺度预测详见表 4.3-2。

表 4.3-1　各主要货源方向主力船型吨位分布

主力船型	货源流向			
	琼州海峡方向	东南亚方向	越南方向	海南洋浦港方向
散货船	6 万～8 万吨级	15 万～30 万吨级	1 万～3 万吨级	1 万～3 万吨级
油船	1 万～5 万吨级	20 万吨级以上	1 万～3 万吨级	1 万～3 万吨级
集装箱	3 万～7 万吨级	10 万～20 万吨级	1 万～5 万吨级	1 万～5 万吨级
液体化学品船	3 000～3 万吨级	1 万～5 万吨级	3 000～1 万吨级	1 万～5 万吨级
LNG	3 万～5 万总吨	8 万～15 万总吨	1 万～3 万总吨	1 万～3 万总吨
杂货船	1 万～2 万吨级	3 万吨级	1 万吨级	—
邮轮	1 万总吨	22.5 万总吨	1 万总吨	—
汽车滚装船	3 万～7 万总吨	3 万～7 万总吨	—	—

表 4.3-2　北部湾港到港代表船型主尺度预测表

船型	船舶吨级	船型主尺度(m)			备注
		总长	型宽	吃水	
集装箱船	200 000 DWT	399	59.0	16.0	15 500～22 000 TEU
	150 000 DWT	368	51.8	16.0	11 000～15 500 TEU
	100 000 DWT	346	45.6	14.5	6 600～10 000 TEU
	70 000 DWT	300	40.3	14.0	5 651～6 630 TEU
	50 000 DWT	293	32.3	13.0	3 500～5 600 TEU
	30 000 DWT	241	32.3	12.0	1 900～3 500 TEU
	10 000 DWT	141	22.6	8.3	700～1 000 TEU
	5 000 DWT	121	19.2	6.9	350～700 TEU
	3 000 DWT	106	17.6	5.8	201～350 TEU
	500 DWT	125	15.8	5.8	400 TEU 平陆运河
原油及成品油船	300 000 DWT	334	60.0	22.5	
	150 000 DWT	274	50.0	17.1	
	120 000 DWT	265	45.0	16.0	
	100 000 DWT	246	43.0	14.8	
	80 000 DWT	243	42.0	14.3	
	50 000 DWT	229	32.3	12.8	
	30 000 DWT	185	31.5	12.0	
	10 000 DWT	141	20.4	8.3	
	5 000 DWT	125	17.5	7.0	
液体化学品船	80 000 DWT	229	32.3	14.1	
	50 000 DWT	183	32.2	12.9	
	30 000 DWT	183	32.2	11.9	
	10 000 DWT	127	20.0	8.4	
	5 000 DWT	114	17.6	7.0	
LNG 船	26.7 万 m^3	345	53.8	12.2～13.7	
	21.7 万 m^3	315	50.0	12.0～13.0	
	14.7 万 m^3	292	43.4	12.3	

续表

船型	船舶吨级	船型主尺度(m)			备注
		总长	型宽	吃水	
散货船	300 000 DWT	339	58.0	23.0	
	200 000 DWT	312	50.0	18.5	
	100 000 DWT	250	43.0	14.5	
	70 000 DWT	228	32.3	14.2	
	50 000 DWT	223	32.3	12.8	
	10 000 DWT	135	20.5	8.5	
	5 000 DWT	90	15.8	5.2	平陆运河中转船型
杂货船	40 000 DWT	200	32.2	12.3	
	30 000 DWT	192	27.6	11.0	
	20 000 DWT	166	25.2	10.1	
	5 000 DWT	124	18.4	7.4	
邮轮	200 000 GT	339	60.5	9.3	6 360 客位
	150 000 GT	294	47.4	8.8	3 900 客位
	100 000 GT	294	37.5	8.5	3 800 客位
	80 000 GT	261	37.5	8.5	3 500 客位
	50 000 GT	243	32.3	8.0	2 200 客位
商品汽车滚装船	70 000 DWT	262	32.3	11.8	
	50 000 DWT	200	32.3	10.0	6 000 车位
	30 000 DWT	196	32.2	9.3	4 000 车位
	10 000 DWT	130	21.0	7.2	1 000 车位

第 5 章 广西北部湾沿海通航现状分析

5.1　沿海船舶航路现状

由广西北部湾沿海交通流核密度示意图(图 3.1-1)可以看出,总体上防城港和钦州之间水域的船舶交通流要明显比钦州和北海之间水域复杂得多;2021 年前,广西沿海船舶通航的主通道包括广西沿海四条干线习惯航路和四条支线习惯航路;四条干线习惯航路主要是琼州海峡西口经由涠洲岛东侧航行广西沿海水域的航路(简称"涠洲岛东航路")、琼州海峡西口经由涠洲岛西侧航行广西沿海水域的航路(简称"涠洲岛西航路")、北部湾南部水域至广西沿海水域航路(简称"东南亚航路")以及琼州海峡西口至越南海防港的过境航路(简称"过境航路")。对于传统的涠洲岛东航路,前往防城港及钦州港的船舶多数只有在北部湾水域风浪较大的情况下选择该航路;对于传统的涠洲岛东航路,由于经涠洲岛西航路通航的船舶数量较大,且涠洲岛西侧存在大型石油平台群,防城港和钦州港的一部分船舶会选择经由涠洲岛东侧绕行至琼州海峡西口,从而在某种程度上起到了对涠洲岛东航路的分流效果;东南亚航路在石油平台群西侧水域分支至各港区。支线航路是主要干线航路的补充,主要为万吨级以下船舶使用,包括白龙港、防城港、钦州港船舶前往越南海防港及以北港口的支线航路、海南岛西海岸港口前往北海港的支线航路和北海至涠洲岛的支线航路。从总体通航数量上看,广西沿海小型船舶的数量占据主导优势。

以干支划分,可以将广西北部湾沿海主要习惯航路现状简述如表 5.1-1 所示。

表 5.1-1　广西北部湾沿海主要习惯航路(四干四支)

航路等级	航路名称	航路总航程(n mile)
干线航路	涠洲岛东航路	100
	涠洲岛西航路	94
	东南亚航路	59
	过境航路	84
支线航路	白龙港至越南海防港及以北港口航路	9
	防城港、钦州港至越南海防港及以北港口航路	10
	海南岛西海岸至北海港航路	62
	北海至涠洲岛航路	19

通过交通路径识别处理，分别对广西沿海船舶主要航路的船舶航迹路线进行标绘，可将表 5.1-1 中的航路绘制如图 5.1-1 所示。

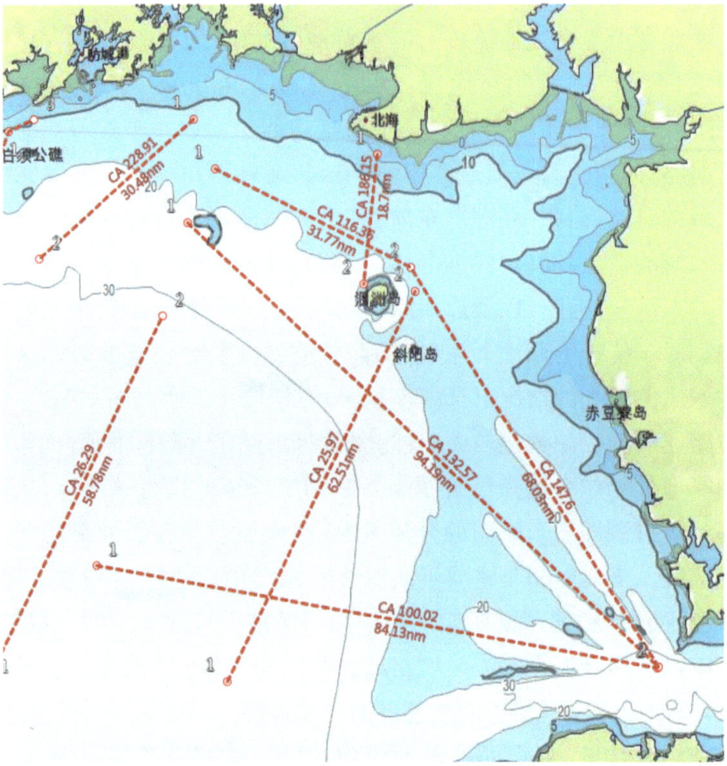

图 5.1-1　广西北部湾沿海主要习惯航路(四干四支)示意图

5.2　沿海船舶航路通航态势

根据对广西沿海船舶交通流的统计及航路分析，可将广西沿海船舶的干线及支线航路(四干四支)的总体通航态势绘制如图 5.2-1 所示。图中不同颜色填充代表主要航路航迹带上的船舶海里化通航密度。

1）“四干四支”总体格局

在干线航路格局中，涠洲岛东航路的通航密度最大，涠洲岛西航路次之，东南亚航路及过境航路密度相对较小，且过境航路上船舶航迹较为集中，宽度在 2 n mile 左右。而各航路之间的船舶相互交汇，形成了各航路之间的习惯支线航路，对航路船舶的分布产生重要的影响。另外，涠洲岛东航路、涠洲岛西航路

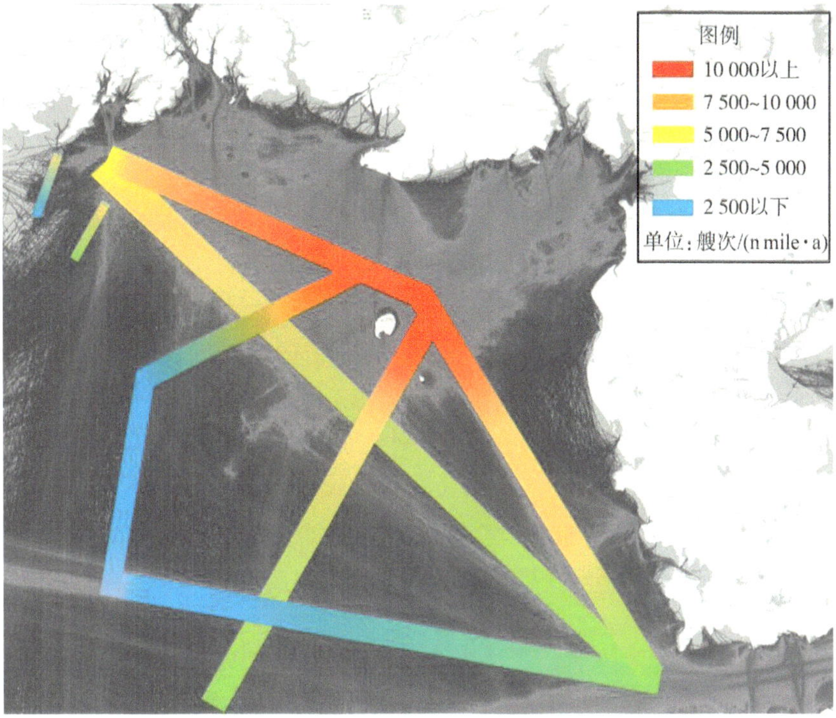

图 5.2-1　广西沿海船舶总体通航态势示意图

及东南亚航路船舶在涠洲岛西侧水域相互汇聚，使该段水域船舶通航数量大大增加。涠洲岛是广西沿海港口至琼州海峡西口船舶航路交通流的重要分界点。

而支线航路格局中，防城港、钦州港至越南海防港以北港口的航路无论在船舶数量上还是通航密度上均为最大，其次为海南岛西岸港口至北海港船舶航路，而防城港至钦州水域由于港口众多，船舶交错程度最为复杂。

广西沿海的船舶交通网主要由四条主要干线航路和四条通航小型船舶辅助支线航路交织连接而成，如图 5.2-2 所示。四条主要航路与广西沿海传统的干线航路"广西防城港至琼州海峡西口航路""北海港经涠洲岛东面到琼州海峡西口航路""琼州海峡西口至越南港口航路""防城港至东南亚各国西航路"基本吻合。而四条辅助支线航路作为主要干线航路的补充，分别为"海南岛西海岸至北海港航路""白龙港至越南海防港及以北港口航路""防城港、钦州港至越南海防港及以北港口航路""北海至涠洲岛航路"。

2）船舶交汇区

广西沿海各主要港口进出港水域的船舶交通流均比较密集，特别是涠洲岛西侧水域，船舶交通流交汇态势更为复杂。同时，涠洲岛西航路和涠洲岛东航路上的交通流交汇态势也比过境航路要复杂。广西沿海主要的船舶交汇区域由西向东依次如下。

（1）涠洲岛西交汇区：涠洲岛西交汇区是往返涠洲岛与石油平台之间船舶、涠洲岛西航路船舶、北海港去往东南亚船舶的交汇区。主要通航船舶为商船，通航风险较大。

（2）涠洲岛北交汇区：涠洲岛北交汇区是涠洲岛东航路船舶与北海港去往东南亚船舶以及北海侨港往返涠洲岛的客船的交汇区。主要通航船舶吨位略小，但在风浪较大情况下，船舶交汇量急剧增加，因而对于通航的影响也较大。

（3）涠洲岛东交汇区：涠洲岛东交汇区是涠洲岛东、西航路船舶与北海港去往海南岛西海岸船舶的交汇区。北海港船舶需连续两次穿越航路，因而船舶通航风险相对较大。

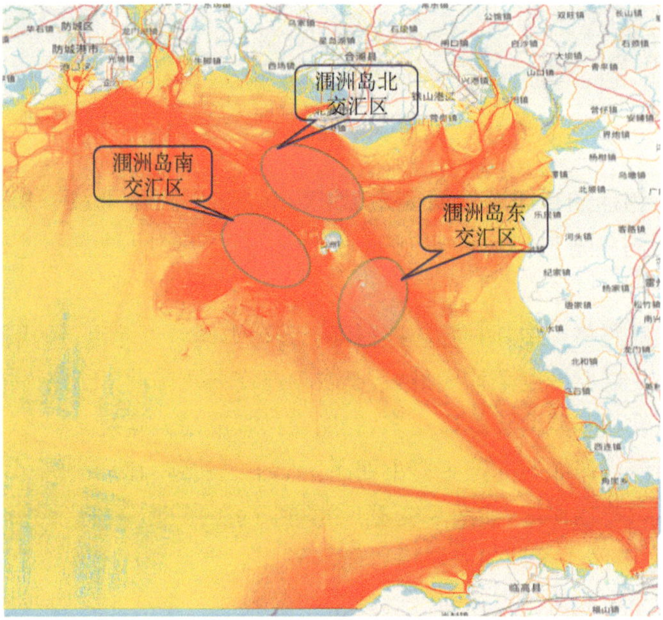

图 5.2-2　涠洲岛附近交汇区船舶交汇态势

第 6 章

航路规划方案研究

6.1　航路规划原则

鉴于近年来广西沿海通航水域船舶密度的逐年增大，船舶航迹分布日趋复杂，港口功能日益增加，进出港船舶碰撞危险程度也逐渐升高，因此有必要对广西沿海船舶航路进行有效的规划，其规划的主要原则应遵循如下各点。

（1）能够尽量覆盖主要通航区域

航路的规划应能涵盖主要船舶通航水域，能够满足港口功能的需求，再者，为保持和尊重航海者的习惯，航路的宽度一般应与船舶主要航迹带的宽度基本一致。

（2）满足现状通过能力并为未来发展需求

航路的布局应既能满足现状船舶通航效率与安全的需要，同时也应为未来水域交通预留发展空间。

（3）遵循现有船舶航行习惯

航路的规划首先要尊重航海者的航行习惯。一般而言，某一水域的习惯航路也是该水域最安全和经济的航法，因此推荐航路应是船舶的习惯航路。另外，推荐航路主要是规范交通流密集区的船舶航行，在交通量不大的情况下应给予船舶驾驶员充分的航行自由权，因此航路上的船舶交通应达到一定的量。

（4）航路的形式尽量简单

航路规划既是为规范船舶交通，同时也是为船员选择进出港路径提供参考，体现形式应尽量简单明了，符合海上航行习惯。

（5）尽量避开穿越锚地水域

船舶锚泊通常在水中有较长的悬链，对过往船舶而言，是水下碍航物，航路穿越锚地存在较大的安全风险，同时航路穿越锚地对锚地水域进一步压缩，将严重影响锚地容量。

（6）综合各方用海需求

海洋资源是经济社会可持续发展的重要支撑，海洋资源开发存在多种方式，航路规划是海洋资源重要的开发形式之一，航路规划需与各方用海需求综合统筹考虑，共同促进经济社会高质量发展。

6.2　广西北部湾航路布局

经过多年来广西沿海港口规模和功能的逐步拓展与完善，以及船舶习惯航法逐步形成，沿海各主要航道与习惯航路纵横交错，在总体上构建出了广西沿海“五干十六支”的船舶通航航路基本格局，如图 6.2-1 所示。

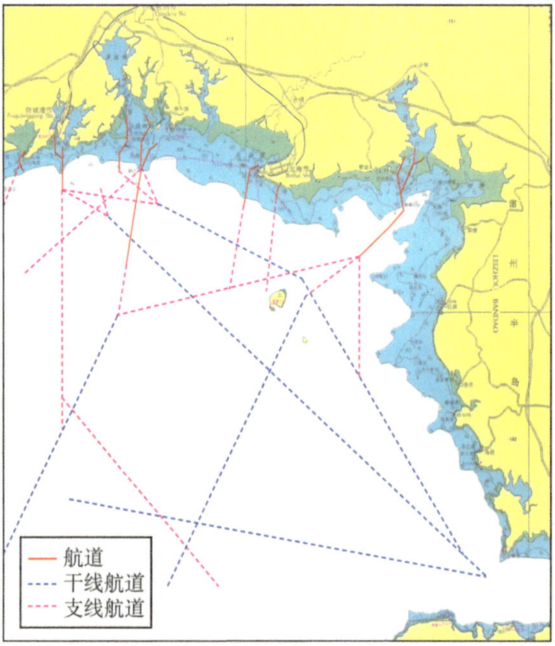

图 6.2-1　广西沿海“五干十六支”航路基本格局示意图

6.2.1　“五干”航路基本格局

自《广西海事局关于公布广西北部湾沿海船舶习惯航路的通知》发布以来，一直是广西沿海船舶航路选择最权威的指导性文件。但经过多年的海上变迁，广西沿海通航环境已经发生了巨大的变化，以及“西部陆海新通道”国家战略的实施，北部湾港口将实现飞跃性发展，广西沿海航路发展也需根据新形势进行优化调整。

根据广西沿海船舶通航现状，同时结合北部湾港总体规划，经过“广西北部湾沿海船舶通航规律”课题研究，目前以及未来一段时间内广西沿海船舶主干通道主要由涠洲岛东航路、涠洲岛西航路、北部湾港至东南亚各国航路、北海港至海南岛西海岸港口航路、琼州海峡西口至越南港口航路组成（图 6.2-2）。具体的习惯航路位置和习惯转向点已经与早期的推荐航路发生了部分迁移。

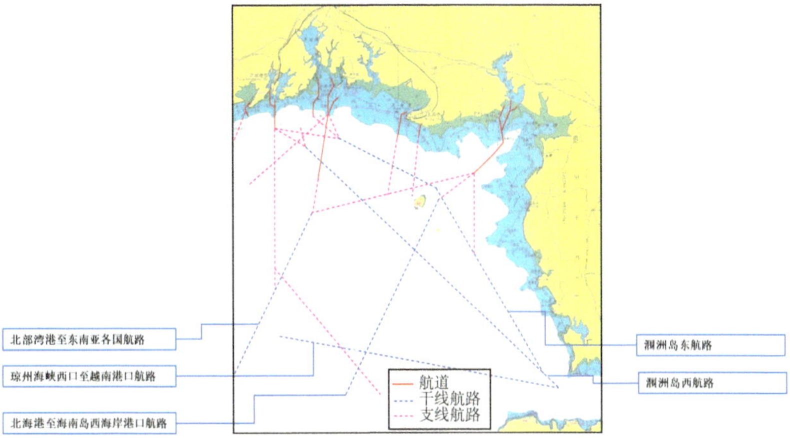

图 6.2-2　广西沿海“五干”航路基本格局注释图

(1) 涠洲岛东航路

涠洲岛东航路(表 6.2-1)是防城港、钦州港吨位较小船舶往返琼州海峡西口的重要航路之一,尤其在北部湾南向涌浪较大的海况条件下,防城港与钦州港选择该航路的船舶急剧增加,同时该航路也是北海港船舶前往琼州海峡西口的必经之路。

表 6.2-1　涠洲岛东航路

编号	中心线坐标		航向	剩余航程 (n mile)	航路宽度	备注
	N	E				
1	20°13.4′	109°45.99′	329.3°	61.9	中心线两侧各 1.5 n mile	
2	21°6.57′	109°12.13′	296.5°	31.8		
3	21°20.71′	108°41.64′	—	0		

(2) 涠洲岛西航路

涠洲岛西航路(表 6.2-2)是防城港、钦州港船舶前往琼州海峡西口的主要航路,该航路上船舶较涠洲岛东航路船舶吨位大。

表 6.2-2　涠洲岛西航路

编号	中心线坐标		航向	剩余航程 (n mile)	航路宽度	备注
	N	E				
1	20°9.1′	109°50.93′	313°	101.5	中心线两侧各 2.0 n mile	
2	21°18.02′	108°31.34′		0		

(3) 北部湾港至东南亚各国航路

北部湾港至东南亚各国航路(表 6.2-3)是东南亚方向来船经北部湾南部水域船舶前往广西沿海港口的航路,也是钦州港与海南洋浦港之间重要大通道。

表 6.2-3 北部湾港至东南亚各国航路

编号	中心线坐标		航向	剩余航程(n mile)	航路宽度	备注
	N	E				
1	20°7.0′	108°5.4′	26.3°	58.8	中心线两侧各 3.0 n mile	大型船舶推荐航路
2	20°59.63′	108°33.27′	—	0		

(4) 北海港至海南岛西海岸港口航路

北海港至海南岛西海岸港口航路(表 6.2-4)是北海港船舶前往海南岛西海岸港口的航路。

表 6.2-4 北海港至海南岛西海岸港口航路

编号	中心线坐标		航向	剩余航程(n mile)	航路宽度	备注
	N	E				
1	21°3.12′	109°12.7′	206°	62.5	中心线两侧各 2.0 n mile	
2	20°7.0′	108°43.39′	—	0		

(5) 琼州海峡西口至越南港口航路

琼州海峡西口至越南港口航路(表 6.2-5)是琼州海峡西口船舶经广西水域前往越南港口的航路。

表 6.2-5 琼州海峡西口至越南港口航路

编号	中心线坐标		航向	剩余航程(n mile)	航路宽度	备注
	N	E				
1	20°8.93′	109°50.79′	280.7°	84.02	中心线两侧各 2.0 n mile	
2	20°24.08′	108°22.75′	—	0		

6.2.2 “十六支”航路基本格局

广西沿海除主干大通道外,还存在十六条支线航路(图 6.2-3)分别为:涠洲岛东航路—铁山港支线,涠洲岛东航路—石步岭港支线,涠洲岛东航路—钦州港东航道支线,涠洲岛东航路—钦州港西航道支线,涠洲岛东航路—三牙航道支线,北海港至海南岛西海岸港口航路—铁山港支线,涠洲岛西航路—企沙东航道支线,涠洲岛西航路—三牙航道支线,北部湾港至东南亚各国航路—铁山港支线,北部湾港至东南亚各国航路—石步岭港支线，北部湾港至东南亚各国航路—钦州港东航道支线，北部湾港至东南亚各国航路—海南洋浦港支线，北部湾港至东南亚各国航路—三牙航道支线，北海—涠洲航路，防城港、钦州港至越南海防港及以北航路，白龙港至越南海防港及以北航路，如表 6.2-6～表 6.2-21 所示。

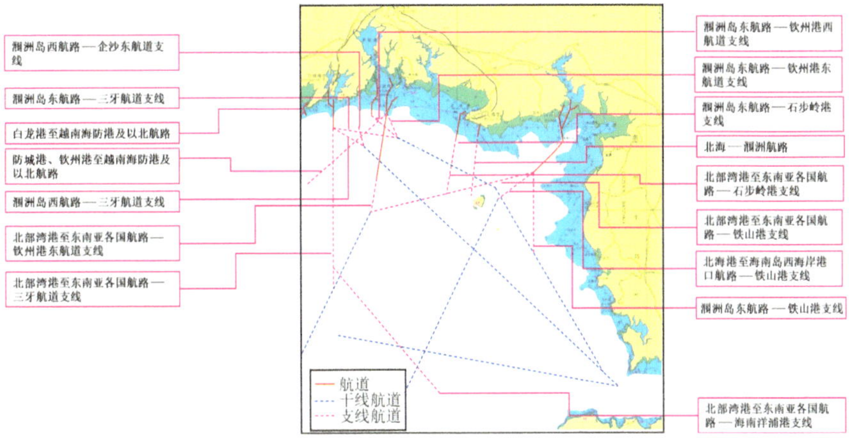

图 6.2-3　广西沿海“十六支”航路基本格局注释图

表 6.2-6　涠洲岛东航路—铁山港支线

编号	中心线坐标		航向	剩余航程 (n mile)	航路宽度	备注
	N	E				
1	20°47.84′	109°24.08′	0°	23.1	中心线两侧各 1.0 n mile	
2	21°10.9′	109°24.08′	—	0		

表 6.2-7　涠洲岛东航路—石步岭港支线

编号	中心线坐标		航向	剩余航程 (n mile)	航路宽度	备注
	N	E				
1	21°12.87′	108°58.54′	9.9°	8.2	中心线两侧各 1.0 n mile	
2	21°20.9′	109°0.04′	—	0		

表 6.2-8　涠洲岛东航路—钦州港东航道支线

编号	中心线坐标		航向	剩余航程 (n mile)	航路宽度	备注
	N	E				
1	21°20.71′	108°41.64′	335.7°	7.9	中心线两侧各 1.0 n mile	
2	21°27.89′	108°38.16′	—	0		

表 6.2-9　涠洲岛东航路—钦州港西航道支线

编号	中心线坐标		航向	剩余航程(n mile)	航路宽度	备注
	N	E				
1	21°20.71′	108°41.64′	310.3°	10.1	中心线两侧各 1.0 n mile	
2	21°27.24′	108°33.37′	—	0		

表 6.2-10　涠洲岛东航路—三牙航道支线

编号	中心线坐标		航向	剩余航程(n mile)	航路宽度	备注
	N	E				
1	21°20.71′	108°41.64′	278.7°	19.1	中心线两侧各 1.0 n mile	
2	21°23.59′	108°21.32′	—	0		

表 6.2-11　北海港至海南岛西海岸港口航路—铁山港支线

编号	中心线坐标		航向	剩余航程(n mile)	航路宽度	备注
	N	E				
1	21°3.12′	109°12.7′	53.7°	13.2	中心线两侧各 1.0 n mile	
2	21°10.9′	109°24.08′	—	0		

表 6.2-12　涠洲岛西航路—企沙东航道支线

编号	中心线坐标		航向	剩余航程(n mile)	航路宽度	备注
	N	E				
1	21°18.02′	108°31.34′	342.3°	6.0	中心线两侧各 1.0 n mile	
2	21°23.79′	108°29.36′	—	0		

表 6.2-13　涠洲岛西航路—三牙航道支线

编号	中心线坐标		航向	剩余航程(n mile)	航路宽度	备注
	N	E				
1	21°18.02′	108°31.34′	301°	10.9	中心线两侧各 1.0 n mile	
2	21°23.59′	108°21.32′	—	0		

表 6.2-14　北部湾港至东南亚各国航路—铁山港支线

编号	中心线坐标		航向	剩余航程(n mile)	航路宽度	备注
	N	E				
1	20°59.63′	108°33.27′	76.5°	48.8	中心线两侧各 1.0 n mile	
2	21°10.9′	109°24.08′	—	0		

表 6.2-15　北部湾港至东南亚各国航路—石步岭港支线

编号	中心线坐标		航向	剩余航程(n mile)	航路宽度	备注
	N	E				
1	21°4.94′	108°57.06′	10°	16.2	中心线两侧各 1.0 n mile	
2	21°20.9′	109°0.04′	—	0		

表 6.2-16　北部湾港至东南亚各国航路—钦州港东航道支线

编号	中心线坐标		航向	剩余航程(n mile)	航路宽度	备注
	N	E				
1	20°59.63′	108°33.27′	9°	9.8	中心线两侧各 1.0 n mile	
2	21°9.33′	108°34.94′	—	0		

表 6.2-17　北部湾港至东南亚各国航路—海南洋浦港支线

编号	中心线坐标		航向	剩余航程(n mile)	航路宽度	备注
	N	E				
1	20°43.85′	108°21.32′	139.6°	48.4	中心线两侧各 2.0 n mile	
2	20°7.0′	108°54.69′	—	0		

表 6.2-18　北部湾港至东南亚各国航路—三牙航道支线

编号	中心线坐标		航向	剩余航程(n mile)	航路宽度	备注
	N	E				
1	20°37.1′	108°21.32′	0°	46.5	中心线两侧各 2.0 n mile	
2	21°23.59′	108°21.32′	—	0		

表 6.2-19　北海—涠洲航路

编号	中心线坐标		航向	剩余航程(n mile)	航路宽度	备注
	N	E				
1	21°22.82′	109°6.85′	186.2°	17.6	中心线两侧各 1.0 n mile	推荐北海—涠洲客船航路
2	21°5.33′	109°4.83′	—	0		

表 6.2-20　防城港、钦州港至越南海防港及以北航路

编号	中心线坐标		航向	剩余航程(n mile)	航路宽度	备注
	N	E				
1	21°27.89′	108°38.16′	228.9°	30.5	中心线两侧各 1.0 n mile	
2	21°7.84′	108°13.52′	—	0		

表 6.2-21 白龙港至越南海防港及以北航路

编号	中心线坐标		航向	剩余航程 (n mile)	航路宽度	备注
	N	E				
1	21°29.13′	108°11.52′	202.2	11.6	中心线两侧各 1.0 n mile	
2	21°19.69′	108°7.38′	—	0		

6.3 航路宽度分析

综合前人研究结论，沿海大型船舶航路宽度应至少为 3 n mile，进入港界水域可适当缩小，理由如下：

第一，超大型船舶宽度一般都在 50～60 m 左右，两艘船舶相向行驶时，两船之间的安全距离应在 2 n mile 以上。

第二，船舶使用的海图一般比例尺都在 1∶500 000 左右，如航路过窄，超大型船舶很难确保始终都航行在狭窄的航路上，3 n mile 宽的航路在 1∶500 000 的海图上宽度约为 11 mm，相对来说航行的难度将大大降低，安全系数将会提高。

第三，1978 年交通部公布的大型航路宽度至少为 3 n mile。

第四，进入港界水域后，船舶将会降速，等待港口调度指令，所需操纵避让水域较外海小很多。对于宽度小于 3 n mile 的航道或航门应按照实际情况对通航船舶进行有效的交通组织规划。沿岸小型船舶航路宽度可按实际情况缩小。

根据各航路现状实际船舶航迹带宽度，考虑未来船舶大型化及港口吞吐量增长趋势，各航路详细宽度确定如表 6.3-1 所示。

表 6.3-1 广西北部湾航路宽度数值表

干线航路	航路宽度 (n mile)	支线航路	航路宽度 (n mile)
涠洲岛东航路	3	涠洲岛东航路—铁山港支线	2
		北海—涠洲航路	2
		涠洲岛东航路—石步岭港支线	2
		涠洲岛东航路—钦州港东航道支线	2
		涠洲岛东航路—钦州港西航道支线	2
		涠洲岛东航路—三牙航道支线	2

续表

干线航路	航路宽度(n mile)	支线航路	航路宽度(n mile)
涠洲岛西航路	4	涠洲岛西航路—企沙东航道支线	2
涠洲岛西航路	4	涠洲岛西航路—三牙航道支线	2
北部湾港至东南亚各国航路	6	北部湾港至东南亚各国航路—海南洋浦港支线	4
北部湾港至东南亚各国航路	6	北部湾港至东南亚各国航路—石步岭港支线	2
北部湾港至东南亚各国航路	6	北部湾港至东南亚各国航路—钦州港东航道支线	2
北部湾港至东南亚各国航路	6	北部湾港至东南亚各国航路—三牙航道支线	4
北部湾港至东南亚各国航路	6	北海港至海南岛西海岸港口航路—铁山港支线	2
琼州海峡西口至越南港口航路	4	—	—
北海港至海南岛西海岸港口航路	4	北部湾港至东南亚各国航路—铁山港支线	2
—	—	白龙港至越南海防港及以北航路	2
—	—	防城港、钦州港至越南海防港及以北航路	2

6.4　航路规划方案分析

6.4.1　航路方案分析

1）航路通过能力分析

通过能力是航路处理船舶交通的能力，以单位时间内能够通过的最大船舶数表示，也称交通容量。当通过能力不能满足船舶的实际通过需要时，会造成航路拥堵，影响船舶通过效率。

从理论研究和实际运用出发，交通容量往往分为基本交通容量、可能交通容量和实用交通容量三种。基本交通容量是指水道条件和交通状况皆属理想状态时的单位时间内的最大交通量；可能交通容量是指在现实的航路条件和交通状态下，单位时间内的最大交通量；实用交通容量是指在可能交通容量的基础上进一步考虑恶劣天气和海况对船舶交通的不利影响，以及考虑为保证各类船舶在水道上安全航行留有一定余地后，实际采用的单位时间内的最大交通量。

国内外关于航路通过能力的计算方式较多，传统的航路通过能力计算方法一般考虑影响系数来反映各因素对航路通过能力的影响，其中以藤井公式、西德公式、长江公式、王宏达公式最具代表性。

(1) 藤井公式

藤井通过在日本沿海水域进行多次海上交通调查并对船舶相对位置的二维频率分布进行分析研究,提出了船舶领域的模型,即以被避让船舶为中心、长半轴沿船首尾线方向、短半轴沿船舶正横方向的一个椭圆。

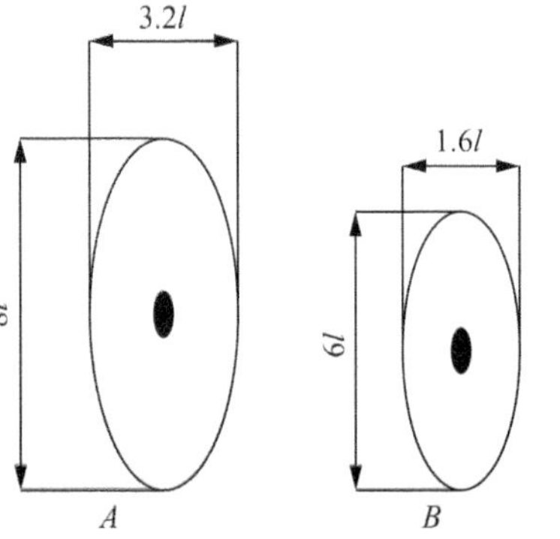

图 6.4-1　藤井公式船舶领域模型

通过能力的估算公式如下所示:

$$C = W\rho_{max} vt$$

式中:C 为航路通过能力,船次;W 为单向航路宽度,km;ρ_{max} 为最大船舶密度,$\rho_{max} 1/(r \cdot s)$,船次/km^2;r 和 s 分别为船舶领域的长、短轴半径,km,当领域为椭圆形且最大限度排列时,$\rho_{max} \approx 1.15/(r \cdot s)$;$v$ 为船舶速度,km/h;t 为通航时间,全天通航,h。

(2) 西德公式

西德公式反映了航道条件、船型及船舶技术性能,考虑了风、雨、雾等自然条件因素以及运行组织管理等影响航路通过能力的因素。计算公式如下:

$$W_B = W_t MNta_1 a_2 a_3 a_4 a_5$$

$$M = \rho V$$

式中:W_B 为航路通过能力,万 t/a。W_t 为船舶平均载重吨位,万 t。M 为可能的运输能力,船次/h。ρ 为过船密度系数,船次/km,$\rho = 1\ 000/r$,r 为船舶领域的长轴长度,km。V 为船舶航速,km/h。N 为航道通过能力影响系数,设航道宽度为 b,船舶宽度为 B,当 $b \geqslant 4B$ 时取 1.3～1.4;当 $4B > b > 2.5B$ 时取 $\left[0.5 + \left(\frac{b}{B} - 2.5\right)/3\right] \times (1.3 \sim 1.4)$;当 $b = (2.0 \sim 2.5)B$ 时,单线通航,取

0.5×(1.3～1.4)；$b<2.0B$ 时，单线通航，取 $\frac{0.5b}{2B}\times(1.3\sim1.4)$ 。t 为年通航时间，h。a_1 为船舶密度增大时，航行增加而引起的运量折减系数，在限制性航道船舶阻力中考虑，不考虑时为 1。a_2 为到发港不均衡影响运量折减系数，取 0.6。a_3 为船舶因吃水变化引起的减载系数，取 0.9～0.95。a_4 为船舶交会、追越时引起的航速损失系数，取 0.8～0.85。a_5 为船舶平均装载系数，取 0.8～0.85。

(3) 长江公式

$$W_B=31.563\times10^6\,\frac{CW_tF_1F_2F_3F_4}{T}$$

式中：W_B 为航路通过能力，万 t/a；C 为上下行载货不平衡系数；W_t 为通航船舶载重吨位，万 t；F_1 为年通航期系数，为全年航行小时数 T 与全年小时数之比；F_2 为非标准船舶影响吨位系数；F_3 为船舶数量不均衡影响系数，由于时间上运输量的不均衡影响船队非均匀通过航段的影响系数；F_4 为考虑非载重船舶通行的影响系数；T 为全年船舶航行时间，h。

(4) 王宏达公式

航道通过量估算公式：

$$W_{HD}=W_Z+W_N$$

其中，

航道正向通过量估算公式：

$$W_Z=\sum(T\times G_1\times D_i\times CZ_i\times B_i\times V_i\times M_i/10\,000)$$

航道逆向通过量估算公式：

$$W_N=\sum(T\times G_1\times D_i\times CN_i\times B_i\times V_i\times M_i/10\,000)$$

式中：W_{HD} 为航道通过量，万 t/a；W_Z 为航道正向通过量，万 t/a；W_N 为航道逆向通过量，万 t/a；T 为航道年通航时间，a；G_1 为因航道调度的不均衡使航道通过量的缩减系数；D_i 为各船型船舶载重量，t；CZ_i 为各船型船舶正向载重量利用率；CN_i 为各船型船舶逆向载重量利用率；B_i 为各船型船舶占航道时间比；V_i 为船舶交会、追越折减后航速，km/h；M_i 为各船型船舶运输密度，艘次/km。

(5) 各航路通过能力计算

计算航道通过能力根据各航路不同船长占比折算处理，如表 6.4-1 所示。由表 6.4-1 可知，广西北部湾沿海船舶航路通过能力能够满足水域船舶通航现状需求及 2035 年港口吞吐量规划的需求。

表 6.4-1 干线航路通过能力计算表

航路名称	通过能力(万 t)			
	藤井公式	西德公式	长江公式	王宏达公式
涠洲岛东航路	506 940	166 195	128 673	184 395
涠洲岛西航路	331 706	95 061	64 336	103 493
北部湾港至东南亚各国航路	742 567	414 642	395 917	538 271
琼州海峡西口至越南港口航路	1 113 850	327 915	423 585	293 325
北海港至海南岛西海岸港口航路	583 229	178 263	396 834	214 352

2）自然环境条件分析

北部湾风浪根据季节主要盛行西南浪和东北浪。

夏半年(4—8 月)以偏南、西南风为主,最大风速可达 14.5 m/s,所形成的风浪以西南浪为主,是西南浪盛行期。西南浪的频率为 21%～43%。月平均波高一般在 1 m 以上,最高为 2 m;台风影响期间最大波高可达 7.2 m,周期 9.7 s。在此期间,琼州海峡至北海港、防城港或北海港与防城港之间航行的船舶基本上处于横向受浪的状态,横摇严重,过往船舶,尤其是小型过往船舶应谨慎航行。

冬半年(9 月—翌年 3 月)以东北偏北(NNE)风为主,强风向为北风,最大风速 15 m/s,出现在冬季,是东北浪盛行期。11 月至翌年 3 月,东北浪约占全部浪向的 56%以上,月平均波高都在 1.2 m 以上,最高 2.7 m。在此期间,有时由于北风来时迅猛,强度大,琼州海峡开往北海港、钦州港以及防城港或北海港开往防城港的船舶处于顶风顶浪状态,船速和船体强度会受到较大的影响,过往船舶,尤其是小型过往船舶应引起注意,谨慎航行。

5 月至 10 月为浪向交替期,浪向多变,浪速小,尤其是 5 月,大浪频率不足 10%,为南海最平静的时期,但在此期间,雾较多,渔船也较多,过往船舶应谨慎航行。

3）主要助航设施分析

在广西北部湾沿海、主要港口、狭窄水道等船舶经常航行的海区都建设有完善的航标设施;在重点航区、重点航段建设使用了具有国际先进水平的助航系统。

广西北部湾沿岸、岛屿、沿海各商港区域共有 529 座海上公用干线航标,其中灯塔 6 座,以广西北部湾最西面的白须公礁灯塔为起点,自西向东依次分别为白须公礁灯塔、白龙尾灯塔、防城港灯塔、大庙墩灯塔、冠头岭灯塔、涠洲岛灯塔。灯桩 119 座,导标 7 对 14 座,灯浮标 269 座。

防城港及硇洲岛各设有 1 个 DGPS 差分台站。防城港台站位于 21°35′00″N,

108°19′00″E，台站播发站识别码是 623，基准站识别码 RS1 是 646，RS2 是 647，台站信号发射频率是 287.0 kHz。信号作用距离：海上接收场强在 75 μV/m 时为 300 km，信号调制方式 MSK，信号发送类别为调相单信道数据传输，差分数据传输率为 200 bit/s，信号格式采用 RTCMSC-104 信号格式标准，信息类型为 9-3 和 16 电文，基准站坐标采用 2000 国家大地坐标系。硇洲岛差分台位于 20°54′4.2″N，110°36′23.7″E，台站播发站识别码是 622，基准站识别码 RS1 是 644，RS2 是 645，台站信号发射频率是 301.0 kHz。信号作用距离：海上接收场强在 75 μV/m 时为 300 km，信号调制方式 MSK，信号发送类别为调相单信道数据传输，差分数据传输率为 200 bit/s，信号格式采用 RTCMSC-104 信号格式标准，信息类型为 9-3 和 16 电文，基准站坐标采用 2000 国家大地坐标系。

近年来，为加强广西北部湾重点水域的水上交通安全管理，广西海事局在管辖水域内建设了船舶自动识别系统（AIS 系统），实行了船舶报告制，并建设船舶交通管理系统（VTS 系统）为船舶航行提供更先进和安全的服务。

4）与各海洋功能区的安全距离分析

（1）与海上石油平台的安全距离分析

为了确保船舶航行及油田生产的安全，通常将钻井平台的周边划定为安全区，与海上石油作业无关的船舶禁止进入安全区范围内。通常以固定式钻井平台为中心，500 m 长为半径的范围划定为钻井平台的安全区，非油田作业船舶禁止进入安全区。

钻井平台安全区通常为半径 500 m 的圆形区域，而船舶领域是随着船型参数而变化的椭圆区域，为了保证船舶的安全通航和油田的安全生产，船舶领域的椭圆形区域与钻井平台安全区的圆形区域临界距离为两者相切。因此，求取钻井平台与习惯航线之间的安全距离可转变为求取一个圆的圆心与一个椭圆中心之间的最小距离的问题。

为了防止船舶偏离计划航线，船舶可以根据风流情况预配风流压差，从而使船舶实际航向与计划航向不一致，在该情形下，船舶领域将以船舶实际航迹方向上为长轴，以与长轴垂直的方向为短轴。此时为了保证航行安全，船舶中心至钻井平台中心的最小安全距离为：

$$D_{\min}=M+\frac{1}{2}(aL\sin\gamma+bL\cos\gamma)$$

式中：$D_{\min}$ 为船舶中心至平台中心的最小安全距离，m；M 为平台的安全区半径，m；a 为船舶领域长轴方向的放大倍数；b 为船舶领域短轴方向的放大倍数；

L 为船长，m；γ 为风流压差角，(°)。

经计算，杂货船、散货船、油船、液化气船和客船与钻井平台之间的安全距离都小于 1 n mile，只有集装箱船与钻井平台之间的安全距离略大于 1 n mile。故应取 1 n mile 作为安全距离，若钻井平台划定了安全区，安全距离应取航路边界至安全区边界之间的距离。各航路与周边石油平台之间安全距离分析如表 6.4-2 所示。

表 6.4-2　航路边界与石油平台(安全区)安全距离分析表　　单位：n mile

航路	石油平台			
	西侧单点系泊（安全区）	WZ6-1	WZ12-8W	WZ6-12
东南亚航路	3.2	—	—	—
涠洲岛西航路	—	2.5	—	1.2
北海港至海南岛西海岸港口航路	—	—	8	5

综上，各航路边界与石油平台或其安全区距离均在 1 n mile 以上，均能满足通航安全需求。

(2) 与倾倒区的安全距离分析

北部湾现有原国家海洋局批复的倾倒区两处，待公布的倾倒区两处，征求意见中的倾倒区八处，与规划航路位置关系如表 6.4-3 所示。

表 6.4-3　倾倒区与安全距离分析表

倾倒区	与航路的关系
钦州港 30 万吨级进港航道疏浚工程疏浚物临时性海洋倾倒区 A 区	倾倒区 A 区处于涠洲岛西航路上
钦州港 30 万吨级进港航道疏浚工程疏浚物临时性海洋倾倒区 B 区	倾倒区 B 区与东南亚航路连接防城港航道航路边界约 1 100 m。
防城港倾倒区	防城港倾倒区处于涠洲岛东航路上
新增 2	新增 2 倾倒区处于涠洲岛西航路上
涠洲岛东倾倒区	涠洲岛东倾倒区处于涠洲岛东航路上

参考《航道保护范围划定技术规定》(JTS 124—2019)，沿海自然开阔水域公共航道的航道保护范围应为航道养护范围边线至同侧 3～5 倍规划通航代表船型船长的水域。

综上，钦州港 30 万吨级进港航道疏浚工程疏浚物临时性海洋倾倒区 A 区、钦州港 30 万吨级进港航道疏浚工程疏浚物临时性海洋倾倒区 B 区、防城港倾倒区、新增 2、涠洲岛东倾倒区与周边航路边界距离小于通航代表船型 5 倍的船长，影响船舶航行安全，应结合海域使用情况进行调整。

（3）与海洋牧场的安全距离分析

北部湾两处海洋牧场均位于北海水域内，与规划航路位置关系如表6.4-4所示。

表6.4-4　航路边界与海洋牧场安全距离分析表　　单位：n mile

海洋牧场	航路	
	北涠航线	东南亚航路至北海港航道
广西北海市银滩南部海域国家级海洋牧场示范区	0.8	—
广西北海市冠头岭西南侧海域精工南珠国家级海洋牧场示范区	—	1.3

参考《航道保护范围划定技术规定》(JTS 124—2019)，沿海自然开阔水域公共航道的航道保护范围应为航道养护范围边线至同侧3～5倍规划通航代表船型船长的水域。

综上，各航路边界与海洋牧场距离均大于通航代表船型5倍的船长，均能满足通航安全需求。

6.4.2　船舶航行注意事项

（1）涠洲岛东航路

此航路水深为14～20 m，航路宽度为3 n mile。此航路主要是3 000总吨以下中小型船舶航行，也有船长超过200 m的船舶采用这条航路航行。风浪过大时，前往琼州海峡西口的小型船舶多选择此航路，采取沿岸航行，即靠近钦州、北海海域，过涠洲岛、斜阳岛东北后转东南下琼州海峡。船舶航行在此航路时应注意琼州海峡西口附近的浅点及避开涠洲岛东侧的浅水区。

（2）涠洲岛西航路

该航路水深在20 m以上，整个航路没有大的碍航物，仅在21°12′30″N、108°41′12″E水域疑存有水下炸弹，靠近琼州海峡西口规划大片海上风电场，船舶航行到该水域附近应避开此危险区。船舶在过钦州港外锚地时，注意避让钦州过驳锚地大型船舶以及钦州港进出港南北航向船舶。船舶航行在此航路时应注意琼州海峡西口附近的浅点及涠洲岛西侧单点系船浮附近水域的锚泊船。

（3）北部湾港至东南亚各国航路

航路水深在30 m以上，此航线在涠洲西部钻井平台、规划海上风电场和钦州港原油过驳点附近经过，船舶航行到该水域附近应避开此危险区。

（4）琼州海峡西口至越南港口航路

航路水深在40 m以上，航路两侧规划大片海上风电场，过往船舶需谨慎驾驶,注意避让。

(5) 北海港至海南岛西海岸港口航路

航路始于涠洲岛东侧,经涠洲岛西南部石油平台群的南部,驶往海南西岸港口,航路水深为 20 m 以上,船舶于此航线航行时应注意涠洲岛西南部的钻井平台及平台作业船舶,避让规划的海上风电场维护工作船。

6.4.3 与国土空间规划的相符合性

2019 年中共中央办公厅、国务院办公厅印发《关于在国土空间规划中统筹划定落实三条控制线的指导意见》,指出:生态保护红线内,自然保护地核心保护区原则上禁止人为活动,其他区域严格禁止开发性、生产性建设活动,在符合现行法律法规前提下,除国家重大战略项目外,仅允许对生态功能不造成破坏的有限人为活动。航路规划仅仅是进行船舶交通组织,未进行水上建设活动,不会对生态功能造成破坏,同时广西北部湾航路规划直接服务于国家战略"西部陆海新通道",是西部陆海新通道的重要基础设施。故广西北部湾航路规划符合《关于在国土空间规划中统筹划定落实三条控制线的指导意见》的要求。

6.4.4 对海洋环境的影响分析

航路规划仅仅是进行船舶交通组织,未进行水上建设活动,不会对水域水动力条件及海底地形地貌造成影响,另外此次航路规划是对现状航路的优化,进一步理顺了船舶交通,有助于减少船舶交叉会遇的概率,降低船舶碰撞风险,从而降低船舶溢油事故的发生而带来的海洋污染。故总体来看,此次航路规划有利于海洋环境的保护。

6.4.5 统筹各方用海建议

海运业是国际贸易的桥梁和纽带。全球商品贸易货运量的 90%以上是通过海运完成的,同时海上通道安全是发展海洋经济的基本保障。繁荣航运业是海洋强国的必由之路。此次航路规划以《中华人民共和国海上交通安全法》为依据,以保障西部陆海新通道、广西北部湾国际门户港的建设为准则,综合考虑了其他海洋资源开发利用各方的需求,但仍有部分海洋功能区与航路存在冲突,影响船舶航行安全。为此,与航路重叠的现状锚地、规划锚地均需进行调整,对航路有影响的海上风电场、倾倒区及海洋牧场均应进行调整,为船舶进出港留出所需航路水域,统筹考虑北部湾海域安全和发展的关系,助力推动国家战略实施。

第 7 章 结论与建议

7.1 研究结论

(1) 目前广西北部湾沿海船舶航路总体呈现“五干十六支”的基本格局。干线航路分别为:涠洲岛西航路、涠洲岛东航路、北部湾港至东南亚各国航路、北海港至海南岛西海岸港口航路、琼州海峡西口至越南港口航路;支线航路分别为:涠洲岛东航路—铁山港支线,涠洲岛东航路—石步岭港支线,涠洲岛东航路—钦州港东航道支线,涠洲岛东航路—钦州港西航道支线,涠洲岛东航路—三牙航道支线,北海港至海南岛西海岸港口航路—铁山港支线,涠洲岛西航路—企沙东航道支线,涠洲岛西航路—三牙航道支线,北部湾港至东南亚各国航路—铁山港支线,北部湾港至东南亚各国航路—石步岭港支线,北部湾港至东南亚各国航路—钦州港东航道支线,北部湾港至东南亚各国航路—海南洋浦港支线,北部湾港至东南亚各国航路—三牙航道支线,北海—涠洲航路,防城港、钦州港至越南海防港及以北航路,白龙港至越南海防港及以北航路。

(2) 广西沿海各主要航道与习惯航路纵横交错,形成“涠洲岛东交汇区”“涠洲岛西交汇区”“涠洲岛北交汇区”等三个主要的船舶交汇区,交汇区内船舶数量大、交通流复杂,对区域内船舶的安全通航产生较大的影响。

(3) 在主干大通道中,涠洲岛西航路的通航密度最大,涠洲岛东航路次之,东南亚航路通航密度相对较小。过境航路航迹带集中在 2 n mile 宽度范围内,其余三条主干航路汇聚至广西沿海三大港口水域,因航路位置的不同,对各航路上船舶的分布产生重要的影响。

(4) 规划航路通过能力能够满足港口吞吐量需求,并为未来港口发展预留了空间。

(5) 广西北部湾海上风电场、倾倒区、锚地规划等海域使用与船舶航路规划存在一定的冲突,需调整。

7.2 研究建议

为营造安全、通畅的广西沿海船舶通航环境,本研究从广西沿海船舶总体的通航态势与通航格局出发,分析广西沿海船舶交通流与船舶航路的特点,并提出了如下建议。

(1) 建议根据船舶交通流现状展开对广西沿海主要航路的规划与调整;根据海事监管需要和力量配布情况,加快组织主要航路与船舶交汇区的定线制形式及通航警戒区设置研究。同时，借助交通运输部海事局开展《中国沿海通航功能区总体规划与应用研究》有利契机，将调整后的航路与定线制纳入研究报告并对外公告。

（2）进一步组织防范商、渔船碰撞的风险宣传，总结不同时期广西沿海渔船活动范围和作业规律，加强渔船行为引导，同时对商船的航行提供指导，为船舶航行安全提供保障。

（3）强化重点水域和特殊水域通航风险研究和管理，加大通航风险宣传。强化重点水域和特殊水域通航风险研究和监管工作，加快建立有效的通航管理规章体系，积极应对新的发展形势。同时，加强重点区域的通航风险宣传工作，引导水上水下活动及船舶航行合理规避风险区域，优化引航管理制度，对于保障广西辖区船舶通航安全，具有积极的作用。

（4）各用海方需以保障西部陆海新通道、广西北部湾国际门户港的建设为前提，统筹广西北部湾海域安全和发展的关系，协调解决航路与其他海洋功能区的冲突问题。